Sverige/Sweden/Schweden

BO SETTERLIND Text

GIOVANNI TRIMBOLI Foto

Göran Algård Foto

✷ ESSELTE GRAKO

Översättning till engelska: Paul Britten Austin
Översättning till Tyska: Herta Weber-Stumfohl
Bildurval: Lennart Thölén och Curt Svenson
Grafisk formgivning: Curt Svenson
Reproduktion: G. Trimboli SNC, Milano
Tryck: Esselte Wezäta AB, Göteborg 1981
Bindning: Esselte Herzogs AB, Nacka
© Svensk text: Bo Setterlind
Tredje upplagan, 37:e tusendet

ISBN 91-970058-0-0

Det finns ett hav, som ingen ser,
det finns en grav, där ingen dör,
det finns en sol, som ej går ner,
det finns en strand i varje själ.

Och om du vill ditt väl förstå
och vara fri, när molnen gå,
så bygg en värld att leva i —
nu gäller det ditt liv, ditt eget liv!

Det finns en värld, som ej förgår,
det finns ett brev, som ingen läst,
det finns en vind, som allt förstår,
det finns en frihet utan sår.

There is an ocean no man sees,
there is a grave where no man dies,
there is a sun, which never sets,
there is a shore in every soul.

And if you wish to know your weal
and be as free as every cloud,
then build a world for living in;
this life's your own, your very own.

There is a world, which never ends,
there is a letter none has read,
there is a wind which comprehends,
there is a freedom unblemishéd.

Es gibt ein Meer, das keiner sieht,
es gibt ein Grab, wo niemand stirbt,
die Sonne, die nie untergeht,
in jeder Seele einen Strand.

Willst du dein Bestes jetzt versteh'n
und frei sein, wie die Wolken geh'n,
bau' eine Welt, darin zu leben —
es gilt dein Leben, dein eigenstes Leben!

Es gibt eine Welt, die nie vergeht,
den Brief, den hier noch niemand las,
es gibt den Wind, der alles versteht,
eine Freiheit, die keine Wunden schlägt.

Sverige

Sverige — det ordet säger mer och mer, ju närmare man kommer verkligheten bakom. Engång var det ett bondeland, nu är det en industristat, Nordens största, med över 8 miljoner människor på en yta av 450.000 kvadratkilometer. Hälften av markytan är täckt med skog, den odlade arealen är mindre än tiondelen. Golfströmmen gör vårt klimat relativt milt, något som många invandrare lovprisat. 5 procent av befolkningen är utländska medborgare. Omkring 4/5 av svenska folket bor i samhällen med över 200 invånare, och av dessa återfinns mer än hälften i landets mellersta och södra delar. Vissa försök görs dock i kompromissens tecken att undvika alltför stor koncentration av bebyggelsen till dessa regioner. Detta är ju inte heller mer än riktigt, eftersom människan mår bäst av att få verka, där hon är rotad. Vi blir gärna geografiskt präglade. Landskapet hjälper till att forma oss. Därför talar vi om skåningens trygghet, smålänningens företagsamhet, västkustbons stränghet, norrbottningens seghet o.s.v. Men vad är då en svensk? Ingenting kan vara lättare att svara på, om man tar fasta på det som vi svenska medborgare verkligen har gemensamt, vårt fosterland. En värmlänning har sitt rätta hem i Värmland, en gute har sitt rätta hem på Gotland, en jämte sitt i Jämtland. Sverige — det är det hem vi har gemensamt. Ett öppet land. Riktigt hemma känner sig en svensk bara i Sverige. Någonting att vara tacksam för — nog mycket för att inte vilja överge det. Detta hör, tror jag, samman med vårt behov av rotfasthet, vår kärlek till naturen, det nära och ursprungliga. Många av oss känner inte sitt eget land. Vi kanske hellre berättar om andra, människovänligare länder. Och visst kan det ligga något i att jämföra. Redan vikingarna var världsresenärer. Men många av dessa, som hellre drömmer om ett Schlaraffenland, har aldrig på allvar sökt efter sitt eget fosterland. Här finns förvisso byråkrati och stress, människofientlig arkitektur och överdriven tilltro till pengar. Men här finns också friheter utan vilka vi inte skulle kunna behålla något eget, och det vågar jag säga trots vad en konstnär från ett annat, mera övervakat land efter ett besök i Sverige yttrade: »Friheten har jag sett, och jag hade aldrig kunnat tro, att den skulle vara så trång — som en korridor.» Den svenska friheten är lyckligtvis inte sådan, vi skulle helt enkelt inte acceptera en korridorering. Medan jag arbetat på den här boken, har jag tyckt mig något mer lära känna det verkliga Sverige. Jag har fått svar på frågan om hur man bör se på utvecklingen för att känna sig hemma i sitt eget land. Det är följaktligen naturligt för mig att hoppas, att läsaren, efter att ha studerat följande sidor, skall uppleva något liknande. Vi har haft fred sedan 1818, då en Bernadotte första gången blev kung här, vi har en monarki som fungerar, och även om Sverige numera kan sägas vara sekulariserat, tillhör 95 procent av befolkningen alltjämt statskyrkan. De styrande tror på framtiden, varför skulle inte också vi hysa ett litet hopp — även om det kommer att dröja, innan alla orättvisor är eliminerade.

Sweden — a name which says more and more the closer one comes to her underlying realities. Once Sweden was a land of peasants. Today, with more than eight million inhabitants and a surface area of 450,000 sq. kilometers, she is the largest industrialised country in Scandinavia. Half the land surface is covered in forests, and agricultural land is no more than one tenth of the whole. Thanks to the Gulf Stream the climate, to the agreeable surprise of many an immigrant, is milder than might be expected at such latitudes. Today, five per cent of the population are foreign citizens. About four-fifths of the Swedish nation live in towns or small communities of more than 200 inhabitants. This was by no means the case even fifty years ago. More than half these communities lie in Central and Southern Sweden, though efforts are also being made to avoid too great a concentration of population in this part of the country. Which is only reasonable. Men thrive best where they have their roots. Geography certainly has something to do with the Swede's character, whether he's a self-assured Skanian from the far south, a dour West Coast fisherman, or a tough northerner. Yes, but what defines "a Swede?" The answer is simple: A Swede is anyone who, no matter whether he comes from Värmland or Gotland or Jämtland, regards himself as such, and is deeply attached to his native country. Sweden belongs to us all in common. And no matter how grievously we may complain and grumble about the way we do things, we Swedes never seem really at home anywhere else. Much of this attachment is rooted in our deep feeling for "nature", for the unspoiled and aboriginal Swedish countryside. At the same time, many of us don't really know our own country. We have a paradoxical admiration for, and feel ourselves drawn to, other more "friendly" countries and climes. But many of us who hold forth most eloquently on the attractions of these other lands have never really tried to discover our own. We grumble about our bureaucratic ways, about our stressful existence, about the impersonality of Swedish architecture and Swedish materialism. Yet we enjoy liberties without which we should possess nothing of our own. Let me quote

something an artist from another less libertarian country said after a visit to Sweden: "I've seen freedom, and I'd never have believed it could be so narrow — like a corridor." Happily, our Swedish freedom isn't really like this! We Swedes would never accept so narrow a definition of freedom. While working on this book I've all the time felt I've been getting closer and closer to the "real" Sweden. I've asked myself how, if we want to feel at home in our own country, we should view recent developments. And I feel I've found the answer. Naturally I hope that my reader, too, will have something the same feeling. We Swedes have been at peace since 1818, when the first Bernadotte king initiated the policy of Swedish neutrality. Today we still have a functioning monarchy. No matter how secularized life has become, ninety-five per cent of us still belong to the State Lutheran Church. Our rulers have every faith in the country's future—so why shouldn't we—even if it will take some time before all social injustices are abolished?

Schweden — dieses Wort sagt mehr und mehr, je näher wir der Wirklichkeit kommen. Einmal war es Bauernland, jetzt ist Schweden ein Industriestaat, der größte des Nordens, mit über acht Millionen Menschen auf einer Bodenfläche von 450.000 Quadratkilometern. Die Hälfte des Landes ist Wald, weniger als ein Zehntel der Bodenfläche ist urbar gemacht. Der Golfstrom schenkt unserem Klima eine gewisse Milde, die gerade von Einwanderern gelobt und gepriesen wird. Unsere Bevölkerung weist fünf Prozent ausländische Staatsbürger auf. Etwa vier Fünftel des schwedischen Volkes leben in Gemeinden mit über zweihundert Einwohnern und von diesem Teil der

Bevölkerung lebt mehr als die Hälfte im mittleren und südlichen Teil des Landes. Um eine allzu große Konzentration der Bebauung dieser Regionen zu vermeiden, versucht man Kompromisse zu finden, und dies ist nicht mehr als richtig. Der Mensch lebt und arbeitet am besten dort, wo er verwurzelt ist. Wir Schweden lassen uns gerne von unserer Umwelt prägen. Die Landschaft hilft uns, unser eigenstes Wesen zu entfalten. Deshalb sprechen wir von der Zuverlässigkeit der Schonenbewohner, von der Unternehmungslust der Småländer, von dem rauhen und ernsten Wesen der Menschen an unserer Westküste und von der zähen Lebenskraft der Menschen in Norrbotten, u.s.w. — Wie aber sollte man einen Schweden charakterisieren? Nichts leichter, als diese Frage zu beantworten, wenn wir uns bewußt sind, was wir schwedischen Staatsbürger wirklich alle gemeinsam besitzen: unser Vaterland.

Der Värmländer hat sein eigentliches Zuhause in Värmland, der Gote auf Gotland, ein Jämtländer in Jämtland. Aber Schweden — das ist unser aller gemeinsame Heimat. Ein offenes Land. Richtig zu Hause fühlt sich ein Schwede nur in Schweden. Dafür sollte man dankbar sein — und es bedeutet genug, um dieses Land nie aufgeben zu wollen. Dies hängt, so glaube ich, mit unserem innersten Verlangen zusammen, in unserem Heimatboden Wurzeln zu schlagen, mit unserer Liebe zur Natur, zum Ursprünglichen. Viele von uns kennen ihr eigenes Land nicht. Vielleicht sprechen wir lieber von anderen, menschenfreundlicheren Ländern. Und sicher kann es nie schaden, Vergleiche anzustellen. Waren nicht schon die Wikinger Weltreisende? Aber viele, die am liebsten von einem Schlaraffenland träumen, haben sich nie ernsthaft bemüht, ihr eigenes Vaterland zu suchen und zu finden. Gewiß gibt es auch bei uns Bürokratie und Stress, menschenfeindliche Architektur und übertriebene Wertschätzung des Geldes. Aber es gibt auch Freiheiten, ohne die unser eigenstes Wesen verloren ginge. Das wage ich zu sagen, obwohl ein Künstler aus einem anderen, strenger überwachten Staat, nach einem Aufenthalt in Schweden behauptete: »Ich habe die Freiheit gesehen, aber nie hätte ich gedacht, daß sie so eng begrenzt sei — eng, wie ein Korridor.« Die Freiheit Schwedens ist gottlob anderer Art, wir würden eine »Korridor-Freiheit« ganz einfach nicht akzeptieren.

Während ich an diesem Buche arbeitete, war mir, als lernte ich das wirkliche Schweden noch genauer kennen. Ich habe Antwort gefunden auf die Frage, wie man die Entwicklung ansehen sollte, um sich in seinem Land zuhause zu fühlen. Deshalb scheint es mir nur natürlich, wenn ich hoffe, daß der Leser, nach dem Studium der folgenden Seiten, Ähnliches erleben wird. In unserem Land herrscht Frieden, seit 1818, als zum ersten Mal ein Bernadotte hier König wurde, wir haben eine funktionierende Monarchie, und — wenn Schweden heute auch säkularisiert genannt werden kann — so gehören doch nahezu fünfundneunzig Prozent der Bevölkerung immernoch der Staatskirche an. Unsere Staatsmänner glauben an eine Zukunft, warum sollten nicht auch wir eine kleine Hoffnung hegen — auch, wenn es noch dauern wird, ehe alle Ungerechtigkeiten beseitigt sind.

Bo Setterlind

Skåne, den sydligaste provinsen, upplevs av många svenskar som en port till kontinenten. En av dess sevärdheter är bokskogen. Här är näktergalens sommarland, marken inne bland de silverglänsande stammarna smyckas år från år av vitsippor, ett kärt utflyktsmål för alla generationer.

Many Swedes feel Skåne, our southernmost province, to be almost part of the Continent. This feeling is stimulated by the sight of beech woods and the sound of the nightingale's song in summer. But the anemones among the silver birches in springtime are as Swedish as can be.

Skåne — Schonen — die südlichste Provinz, erleben viele Schweden als das Tor zum Kontinent. Eine Sehenswürdigkeit dieser Landschaft ist der Buchenwald. Hier ist das Sommerland der Nachtigallen, der Boden zwischen den silbrig glänzenden Stämmen leuchtet Jahr um Jahr im Schmuck der weißen Anemonen. Für jung und alt ist dieses Land seit Generationen beliebtes Ausflugsziel.

2

Färg och form fyller människans sinne
med glädje. De skånska pilalléerna är ett
tilldragande motiv för många konstnärer också
utanför Skånes gränser. Året om står dessa
hamlade träd som trogna skiltvakter på båda
sidor om den väg som leder till huset på
slätten. Också de unika klippformationerna vid
Hovs Hallar, numera naturreservat, vittnar
övertygande om naturens egen skaparkraft.

Another typical Skanian sight are the avenues
of willows. All year round they stand like
sentries, faithfully lining the approaches to
some house situated in the midst of the plain
— a favourite motif for painters. Another
highly characteristic feature is the unique rock
formations at Hovs Hallar. Once thrown up
playfully by nature, today they are a nature
reserve.

Farben und Formen erfüllen die Sinne der
Menschen mit Freude. Die Alleen von Weiden-
bäumen sind ein begehrtes Motiv für viele
Künstler, auch wenn sie nicht aus Skåne
stammen. Das ganze Jahr stehen diese ge-
stutzten Bäume wie getreue Schildwächter zu
beiden Seiten des Weges, der zu dem Haus in
der weiten Ebene führt. Auch die einmaligen
Klippenformationen bei Hovs Hallar, nunmehr
Naturschutzgebiet, sind überzeugender Beweis
der eigenwilligen Schöpferkraft der Natur.

3
4

Rapsfältet är ett påfallande ljust drag i
jordbrukets ansikte, kanske dess leende.
I Sverige har oljeväxtodlingen först efter andra
världskriget blivit ett vanligt inslag i land-
skapsbilden. Aromen, som påminner om
doften av vildhonung, kan sprida sig långt in i
en angränsande tätort och får säkert många
naturälskare där att för ett ögonblick glömma
stenöknens avigsidor.

A field of rape seed is like a bright smile across
the face of the landscape. But it wasn't until
after the Second World War that this crop
came to be much cultivated or a common
feature of the Swedish scene. Its scent is
reminiscent of wild honey. Penetrating into
some neighbouring community, it can momen-
tarily charm many a nature-lover into forget-
ting where he is — in the town's stone desert.

Rapsfelder sind leuchtend helle Lichter
zwischen dunklen Ackerfeldern, dem Lächeln
eines Antlitzes gleichend. In Schweden sind die
Felder mit Ölgewächsen erst nach dem zweiten
Weltkrieg zur selbstverständlichen Ergänzung
des Landschaftsbildes geworden. Das Aroma,
an den Duft wilden Honigs erinnernd, kann
über weite Entfernung bis in angrenzende,
dichtbesiedelte Orte dringen, und mag so
manche Naturliebhaber für einen Augenblick
die Nachteile der Steinwüste vergessen lassen.

5

6

7

8

9

Bilderna av Bosjökloster (de två övre),
Kärnan i Helsingborg och Kulturen i Lund
säger inte mer än bilder av Båstad och Kiviks
marknad om den soliga materialism som märks
bäst i den svenska folksjälen. Men de visar
något av dess historia och beslutsamhet.
Ännu vanligare är bilder av klitter, bokskog,
cement- och sockerindustrier. Vanligast är
bilden av Skåne som självbindarnas himmel-
rike, Svalövs försöksobjekt.

The two photos of Bosjökloster (top), the
photos of The Citadel at Helsingborg and of
"Kulturen", Lund's outdoor museum,
tell us no more about the sunny materialism
allegedly characteristic of the Swedish psyche
than do the photos of the little seaside resort of
Båstad and of Kivik Market. But they do tell
us something about its history and resolute cast
of mind. Commoner are photos of shale-works,
beechwoods, cement factories and sugar
refineries — all typical Skanian industries;
or of Skåne as the promised land of the
combined harvester and of biological experi-
ment, as at the Svalöv Agricultural Research
Station.

Die Bilder von Bosjökloster (die beiden
oberen), Kärnan in Helsingborg und »Kulturen«
in Lund, sagen ebenso wenig wie die Bilder von
Båstad und Kiviks Jahrmarkt, von der
sonnigen Lebensbejahung, die so stark aus der
schwedischen Volksseele spricht. Aber sie
zeigen einiges aus der Vergangenheit dieses
Landes und von der Entschlußkraft seiner
Menschen. Noch üblicher sind Bilder mit
Sanddünen, Buchenwäldern, Zementwerken
und Zuckerindustrie. Am liebsten wird Skåne
als das Himmelreich der Mäh- und Binde-
maschinen gezeigt, als Svalövs Versuchsgebiet.

10

11

12

13

Barndomssomrarna lyser länge, långt in
i ålderdomen. Bilden från Snötlaboda i
Blekinge (nederst) får jämte några sevärdheter
i sjölivsmiljön Karlskrona, den berömda
fattigbössan Rosenbom och Björkholmens
gamla båtsmansstugor, bilda ramen till det av
vallgravar omgivna 1500-talsslottet Torup.
Mot gränsen till Skåne utbreder sig de väldiga
blekingska fruktodlingsdistrikt som fått
namnet Sveriges trädgård. Längre in i landet
antar naturen en betydligt mindre leende
karaktär.

Summer is brief but poignant, and no sum-
mers are more vividly remembered — even far
into old age — than the summers of a Swedish
childhood. The photo (bottom) from Snötla-
boda in Blekinge, together with some views
from Karlskrona naval base— old Rosenbom
holding out his begging box, the ancient
seamen's cottages on Björkholmen — here
frame Torup's 16th-century castle. Along the
Skanian border lie the great orchard districts
known as "the Garden of Sweden". Further
inland the countryside loses its smile, becomes
more sombre and introverted.

Sommer aus Kindheitstagen bleiben leucht-
ende Erinnerungen bis in späte Lebensjahre.
Für das, von Wallgräben umgebene Schloß
Torup aus dem 16. Jahrhundert, bildet die
Ansicht von Snötlaboda in Blekinge (zu
unterst) einen ausgezeichneten Rahmen,
ebenso wie einige Sehenswürdigkeiten von der
Küste um Karlskrona, der berühmte Opfer-
stock »Rosenbom« und die alten Seemanns-
hütten auf Björkholm. Nahe der Grenze von
Skåne breitet sich das gewaltige Gebiet
der bleking'schen Fruchtkulturen aus, das man
den Garten Schwedens nennt. Je weiter wir ins
Innere des Landes vordringen, desto spürbarer
vermißt man den sanften Charakter des Südens.

Ett eget sommarhem är något, som många drömmer om idag i Sverige. Ett litet lågt hus, en före detta fiskarstuga eller ett soldattorp, upplever sin renässans, därför att byggnaden, trots vad den kan ha rymt i materiell nöd, är människovänligare än en tätorts bostadsmastodonter.

Many — perhaps most — Swedes dream of owning a summer cottage; a little low wooden house, once a fisherman's cottage or perhaps one of those tiny houses once provided obligatorily by each district to house a conscript and his family. If these little houses are again in such wide demand, it is because, despite the poverty which once characterized their occupants, they are more "human" than the giant concrete mastodons of our modern cities.

Ein eigenes Sommerhaus — davon träumen heutzutage viele Menschen in Schweden. Ein kleines, niedriges Haus, ehemals vielleicht eine Fischerhütte oder ein Veteranengütchen, sie alle erleben ihre Renaissance, sind sie doch — egal, welchen Zwecken sie in Notzeiten gedient haben mögen — menschenfreundlichere Zufluchtstätten als die Wohn-Kolosse eines dichtbesiedelten Ortes.

Högt uppe på klippan
står jag i solnedgången
och ser sjöfåglarna dra ut till havs.
Nedanför öppnar sig graven,
mörkt speglande den väldiga rymden.
O, att jag hade vingar
att färdas därute,
där inseglet bryts!

High on the cliff
I stand in the sunset
watching the gulls fly out to sea.
Beneath is an abyss,
mirroring darkly the empyrean.
Would I had wings
and could fly to the end of time!

Hoch auf den Klippen
im Sonnenuntergang
schau ich der Seevögel Flug
weithin übers Meer.
Tief unten öffnet sich ein Grab
dunkles Spiegelbild des gewalt'gen Alls.
Oh, daß ich Flügel hätte
dahinzuziehn in jene Fernen
wo das Siegel erbrochen
und sich alles offenbart!

16

17

Halland har kallats det låga landskapet.
Förmodligen är det den berömda hallands-
slätten, som fått bestämma uttrycket. Men
hallänningarna — även de som är bönder —
har också en del sjömansminnen att berätta.
Halland är ju förutom en bördig jordbruks-
bygd ett äkta kustlandskap. I husen vid
Vallgatan i Halmstad finns säkert, liksom på
fartyget »Najaden», minnen av sjömanslivet.

Halland has been called the lowland province
— presumably because of its wide plains.
But the people of Halland are not only
peasants; they are also a seafaring folk.
Altogether it is very much a coastal province,
as can be seen from these houses in Vallgatan,
in Halmstad, where the sailing vessel "Naja-
den", an echo of olden times, lies at her
moorings.

Halland wird oft das »flache Land« genannt.
Vermutlich rührt diese Bezeichnung von der
berühmten halländischen Ebene her. Aber die
Hallandbewohner — auch wenn sie Bauern
sind — wissen noch von Erinnerungen an das
Seemannsleben zu berichten. Halland ist ja
außer einem fruchtbaren Ackerland eine
echte Küstenlandschaft. Die Häuser an der
Vallgatan in Halmstad, ebenso wie das Schiff
»Najaden«, bergen sicher noch Andenken an
das Seemannsleben.

18

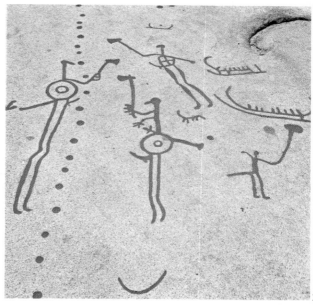

22

19

23

20

21

Hällristningarna i Blomsholm, 2500—3500 år
gamla, samt Strömstads badliv, att inte nämna
hamntrafiken med bl.a. räkkommers, får
representera Bohuslän, som också har fjäll-
natur. Kanske har du flutit med blicken
utmed ljungmarker, som förskönat forntidens
farleder. Vanligast är dock att förbinda
västkusten med kobbar och sjöfågel. Havet är
alltid med.

These palaeoglyphs at Blomsholm, in Bohus-
län, are between 2,500 and 3,500 years old.
No one knows what magic they once exerted or
what they represented. Together with the
bathers at nearby Strömstad, a harbour town
famous for its tasty prawns, these Bronze Age
rock carvings are eloquent of this rocky
indented coast. But Bohuslän also has its
highly typical rocky heather-covered plâteaux,
its archipelagoes and its skerries. And the sea
is everywhere.

Die Höhlenzeichnungen in Blomsholm,
2500 bis 3500 Jahre alt, Strömstad mit seinem
Badeleben und dem lebhaften Hafen, wo u.a.
Krabben-Handel getrieben wird, mögen
Bohuslän repräsentieren, das auch ein bergiges
Land ist. Mag dein Blick sich im Heideland
verloren haben, das die Fahrwege vergangener
Zeiten verschönte — zumeist wird die West-
küste untrennbar mit kleinen Felsinselchen
und Seevögeln verbunden. Und immer gehört
das Meer dazu.

En fästning erinrar om försvar — men också om inhuman fångvård. Nutidens maskineri är inte tolerantare. Drömmen om frihet är densamma (t.v.). De sjöfarandes isolering bryts av svensk fyrteknik, som är vida känd. Omutligt plikttrogen står fyren på sin klippa med havet nafsande runtom.

A fortress, once built for defense, for two centuries a grim prison. But . . . are we less enslaved, we servants of the machine? We too have our dream of freedom (left). Swedish lighthouses come to the aid of mariners all over the seven seas. Standing faithfully on its rock, with the sea snarling at its base, what could better symbolize unshakable reliability than a lighthouse?

Eine Festung erinnert an Verteidigung — aber auch an unmenschliche Gefängnisse. Die Maschinerie der Jetztzeit ist nicht toleranter. Der Traum von der Freiheit ist derselbe geblieben (links). Die Isolierung des zur See Fahrenden wird durch die schwedischen Leuchttürme gemildert, deren technische Perfektion allgemein bekannt ist. Tren und pflichtbewusst steht der Leuchtturm auf seiner meeresumbrausten Klippe.

Sommartid lever många mindre hamnar upp,
de lokala fiskeskutorna får dela plats med
sommargästernas segelbåtar. Någon gång blir
det kanske också dans på bryggan. Dragspels-
musiken tonar ut över vattnet, och hop-
trängda, liksom smittade av glädjen sliter
båtarna med ringar i nosen.

Many tiny harbours only come to life in
the summer, when the local fishing boats have
to share them with the holidaymakers' yachts.
And even today, now and again, there's
dancing on the jetties at sundown and the
sound of an accordion floats out to sea.
The boats, where they lie tethered at the jetties
with rings through their noses, tug and jostle
at their moorings as if sharing in the merry-
making.

Während des Sommers leben manche kleine
Hafenorte auf. Die lokalen Fischerboote
müssen mit den Segelbooten der Gäste den
Platz teilen. Manchmal wird noch auf den
Landungsbrücken getanzt. Dann klingt das
Spiel der Musikanten weit über das Meer und
die Boote, eng nebeneinander liegend, von der
frohen Stimmung gleichsam angesteckt,
zerren an ihren Ringen.

Att vara yrkesfiskare i Sverige idag kan för
många vara ett vågspel. Det lockande är,
lika mycket som lönsamheten, den relativa
friheten, sambandet mellan generationerna
samt närheten till och kampen med havet.
Miljöförstöringen gör inte situationen lättare.

The life of a professional fisherman has become
in some ways even more hazardous than it
used to be. It can be profitable, but not always.
On the other hand, in its way it's a free life.
The link between the generations hasn't
been lost, as it has in other occupations.
And always there's the eternal struggle with
the sea. Pollution of our coasts hasn't made
matters easier for the fisherman, either.

Im Schweden von heute Berufsfischer zu sein,
kann für viele ein Wagnis bedeuten. Ver-
lockend daran ist, ebenso stark wie die
Einträglichkeit, die relative Freiheit dieses
Berufs, der enge Zusammenhalt der Genera-
tionen, wie die immerwährende Nähe des
Meeres und der nie endende Kampf mit
dem Meer. Die Umweltverschmutzung macht
diesen Beruf nicht leichter.

Havsdjupens härskare Poseidon, engång
stormens, sedermera det livgivande vattnets,
havets och sjöfartens gud, brukar, sedan han
väl stigit upp på land, av tongivande skulptörer
ges ett mäktigt och skräckinjagande yttre.
En ovanligt fridfull Poseidon poserar på
Götaplatsen i Göteborg. Man kan komma att
tänka på en kandelaber.

Poseidon, once the god of storms, later became
the sea-god, the god of life-giving waters,
of the ocean, of navigators. By leading
sculptors he's duly respected as dangerous,
a deity not to be taken lightly. Where he reigns
over Götaplatsen Square in Gothenburg,
however, Carl Milles' Poseidon seems to be in
an unusually amiable mood and vaguely
reminiscent of a candalabra.

Poseidon, der Beherrscher aller Meere,
einstmals der Stürme, jetzt der lebensspenden-
den Gewässer, des Meeres und der Seefahrt
Gott, wird meist — ist er erstmal an Land
gestiegen — von maßgeblichen Bildhauern als
gewaltige und schreckeneinjagende Gottheit
dargestellt. Ein ungewöhnlich friedlicher
Poseidon steht auf dem Göta-Platz in Göte-
borg. Man könnte bei seinem Anblick an einen
Kandelaber denken.

30

31

Västergötland är bekant inte minst för
fågellivet vid Hornborgasjön. Andra attrak-
tioner är Kinnekulle, Husaby, Skara domkyrka
och de många egendomarna vid Vänern,
bland dem det ståtliga Läckö slott, engång
biskopssäte. Till Västergötland räknas också
rikets i storlek andra stad Göteborg,
även kallad »Lilla London». Dess senaste stora
byggnadsverk är den nya Älvsborgsbron.
Staden, som vetter mot Västerhavet, har också
inslag av tyskt och holländskt. Hamnen är
en världshamn, och fortfarande bär hamnlivet
spår av Ostindiska kompaniets tid. Fritids- och
nöjesparken Liseberg är ett minne från
Göteborgsutställningen 1923.

One of Västergötland's sights is the lake
of Hornborgasjön, famed for its bird-life.
Others are the mountain of Kinnekulle,
Husaby, Skara Cathedral and the many old
manors along the shores of Lake Vänern,
notably Läckö Castle. Once an episcopal
palace, in the 17th century it became the
residence of Magnus Gabriel de la Gardie,
a wealthy nobleman of those days, who greatly
enhanced it. Gothenburg, Sweden's second
city, also lies in Västergötland. Its monuments,
no less beautiful, are more utilitarian: notably
the New Älvsborg Bridge. Old Gothenburg
has something Dutch and German about it,
indeed its canals were designed by Dutchmen.
Its port is the largest in Scandinavia. Liseberg,
Gothenburg's amusement park, was first
opened at the time of the Gothenburg 1923
Exhibition.

32

Västergötland ist vor allem durch sein Vogel-
leben am Hornborgasee bekannt. Daneben sind
Kinnekulle, Husaby, Skara domkyrka (Dom-
kirche) und die vielen Privatbesitze am
Vänersee Attraktionen, darunter das stattliche
Schloß Läckö, ehemals ein Bischofssitz.
Zu Västergötland gehört auch die zweit-
größte Stadt unseres Landes, Göteborg,
auch »Klein London« genannt. Das jüngste
große Bauwerk der Stadt ist die neue Älvs-
borgsbrücke. Die Stadt öffnet sich nach
dem Westen, dem Meer zu, und weist deut-
schen und holländischen Einschlag auf.
Der Hafen ist ein Welthafen, seine Atmosphäre
erinnert noch immer an die Zeit der Ost-
indischen Kompanien. Liseberg ist ein
Freizeit- und Vergnügungspark, zugleich
Erinnerung an die Göteborg-Ausstellung 1923.

33

Småland är landskapet, där stenarna tala.
Gärdesgårdarna av sten vittna om omänskligt
slit, också i Linnés hemtrakter där man alltjämt
kan få se en gammal byväg med smultron
mellan hjulspåren. Många emigrerade till
Amerika, andra var med och formade dagens
Småland, ett mönster i företagsamhet. Nederst
ett motiv från Gamla staden i Kalmar. Ett
religiöst centrum är Jönköping, här med
Sofia kyrka. I Kalmar slott, engång »Rikets
nyckel», finns Erik XIV:s gemak med samtida
dekorationsmålningar.

Småland is a stony landscape, and its stone
walls, lining its little fields, are monuments to
centuries of unremitting toil. It was in Småland
that Linnaeus, "the King of the Flowers",
was born. At the end of the last century many
Smålanders emigrated to USA. Others stayed
behind to found and develop Småland's
innumerable light industries. A scene (below)
from the Old Town of Kalmar. Jönköping is
not only a thriving contemporary city. It is also
a religious centre. The photo shows Sophia
Church. One of the sights of Kalmar Castle,
known in the Middle Ages as "the lock and key
of Sweden", is Erik XIV's Chamber. Its
Renaissance decorations are the most impres-
sive in Sweden.

Småland — in dieser Landschaft sprechen
die Steine. Einfriedungen aus Stein zeugen von
unmenschlicher Anstrengung, auch in der
alten Heimat Linnés, wo man noch immer
zwischen den Radspuren alter Dorfwege
Erdbeeren pflücken kann. Viele Menschen aus
Småland wanderten nach Amerika aus,
andere blieben und formten das heutige
Småland, ein Musterbeispiel unermüdlicher
Einsatzbereitschaft. Zu unterst ein Motiv aus
der Altstadt Kalmars. Jönköping ist ein
religiöses Zentrum, hier im Bild die Sofia-
Kirche. Im Schloß von Kalmar, einstens der
»Schlüssel des Reichs«, ist das Gemach
Erik XIV. zu sehen mit Ziermalereien der
damaligen Zeit.

Våghalsigheten, den uppdrivna farten och känslan av frihet tilltalar unga sinnen. Tyvärr är det förenat med vissa risker att pressa dessa motorvärldens kentaurer till att överträffa varandras prestationer. Många olyckor inom motorsporten tycks onödiga, trots tävlings-arrangörernas berömvärda iver att vidtaga fortlöpande säkerhetsåtgärder. Den här motorcyklisten, som nalkas på låg höjd, får representera, vad man kan uppnå med energi och skicklighet i motor-cross, en sport där Sverige nått världsklass.

Recklessness, high speeds, the sense of liberation they can bring, appeal to youthful hotheads. Unfortunately the motorized centaur, tempting its rider to outvie his comrades in speed and daring, is not without its risks. How many fatal accidents do not afterwards seem to have been utterly unnecessary, despite the praiseworthy attempts of the organizers to reduce the perils of such races! This participant, doing a "ton-up" at low altitude, is a motor-cross virtuoso a sport in which Sweden is in the international class.

Waghalsigkeit, Höchstgeschwindigkeit und das Gefühl der Freiheit — dies alles spricht junge Sinne an, ist aber leider nicht zu trennen von gewissen Risiken, wenn die Zentauren der Motorenwelt, zu letzter Leistung hochge-peitscht, sich gegenseitig übertreffen wollen. So manche Unglücksfälle des Motorsports erscheinen unnötig, trotz der, mit rühmens-wertem Eifer betriebenen und immer weiter entwickelten Sicherheitsmaßnahmen der Rennveranstalter. Dieser Motorradfahrer, der sich in niedriger Höhe nähert, kann doch beweisen, was mit Energie und Geschicklich-keit im Motor-Cross erreicht werden kann, einer Sportart, für die Schweden die Welt-klasse stellt.

Intill 1972 levde Ölands innevånare tämligen
fredade för storinvasion, och förbindelsen med
fastlandet klarades huvudsakligen av ölands-
färjorna, som efterträdde de mindre båtarna.
Idag har stränderna förbundits ytterligare
genom tillkomsten av Ölandsbron, ett av
Europas största byggnadsverk. Naturligtvis är
en och annan naturvän uppskärrad. De ser
bron som ett monstrum, som sträcker sig efter
ön för att uppsluka dess unika natur, sol-
vändans och alvargrimmens marker.

Until 1972, as long as their links to the
mainland went by ferry, the inhabitants of
Öland were fairly immune from major inva-
sions. Today the Öland Bridge, Europe's
longest, has destroyed their isolation — much
to the irritation of nature-lovers who see in this
bridge a dragon, reaching out into the Öland
countryside and seeking to destroy its steppe-
like plains and unique flora.

Bis etwa 1972 blieben die Einwohner Ölands
ziemlich verschont von großen Invasionen,
die Verbindung mit dem Festland stellten
hauptsächlich die Ölands-Fähren her, die
Nachkommen der kleinen Dampfer. Heute
sind die Ufer zusätzlich durch eines der
größten Bauwerke Europas verbunden,
durch die Ölandsbrücke. Es liegt in der Natur
der Sache, daß so manche echte Naturfreunde
sich darüber erregen. Sie sehen die Brücke nur
als ein Monstrum an, das sich nach der
Insel streckt, um dieses einzigartige Natur-
gebiet zu verschlingen, dieses Land der
Bergsonnenröschen und der Goldregenpfeifer
auszulöschen.

39
40

Har du glömt, att skogen är ditt hem,
att den stora djupa stilla skogen
står och väntar på dig som en vän.
Lämna stadens oro, kom till skogen åter,
endast så kan du bli hel igen.
Myrans vägar under himmelen,
källan, där det växer upp så ljusa samtal,
gläntan, där man leker med ett regn,
är de glömda? Minns du inte dem?

Have we forgotten the forest's our home?
That deep and still
it stands waiting for us, a friend?
Leave the noisy city, come back to the forest,
only thus can we be healed.
The ant's path beneath the firmament,
the prattlesome spring,
the glade where rain is a playmate,
have we forgotten them? Don't we remember?

Hast du vergessen, daß der Wald dein Heim,
daß er deiner harrt, in tiefer Stille,
der Wald, dein Freund.
Verlaß' die Stadt und ihr Getümmel,
komm in den Wald zurück, nur dann kommst
du zu dir zurück.
Der Ameisen Wege unter dem Himmel,
die Quelle, Ort der hellen Worte,
die Lichtung, wo wir im Regen spielen,
ist alles vergessen? Kannst du dich nicht
mehr erinnern?

41

En silhuett kan vara mycket uttrycksfull,
inte bara fylld av väntan. Jag ser på klipp-
konturen och på havet, och jag tycker,
att havet fortsätter inne i klippan. Jag ser
på kvarnen, och jag tänker: Vilken ödslighet,
vilken tystnad kring en gammal kvarn.
Och efter en stund minns jag också vindarna,
tjärdoften, den låsta dörren och de långsam-
gående vingarna. Allt fjättrat vid jorden.

A silhouette can express so much, above all
expectancy. Looking at the rocky shore and
the sea, I fancy the sea is merging with
the cliff. I look at a mill, and think: How
desolate, how silent is this old mill! And after a
while the memory returns: winds, the smell
of tar, a locked door, the slowly turning sails.
All fettered to the earth.

Eine Silhouette kann sehr ausdrucksvoll sein,
sie stimmt uns nicht nur erwartungsvoll.
Ich schaue auf die Umrisse der Uferfelsen und
auf das Meer, und es scheint mir, als reiche das
Meer hinein in die Felsen. Ich blicke auf die
Mühle und denke: Welche Einsamkeit,
wie still und verlassen ist alles ringsum.
Aber schon bald wird die Erinnerung wach
an Wind, Teergeruch, an versperrte Türen und
sich langsam bewegende Windflügel. Alles ist
mit diesem Stück Erdboden verbunden.

De gamla var färdmän, och frågan är om inte
pilgrimsmotivet börjat komma tillbaka i och
med att vår tids människor alltmer nödgas
byta arbetsområde. Gravfältet härintill
väcker fantasin, här är helig mark. Långt över
drömda vatten strävar en märklig ark. Forntid
möter nutid, o, sällsamma värld i sten!

This old fellow was a wanderer. But isn't
unemployment, one may ask, again forcing
modern man out on to the roads, seeking
new callings? This ancient gravefield stirs
the imagination. It is sacred ground, though
not Christian. A Viking ship is putting out
to sea. Prehistory merges with the present.
What a singular stone world! Sails dreamed up
in stone! Stone waves! A sea of stone!

Unsere Vorfahren waren Fahrensleute und es
stellt sich die Frage, ob dieser Wandertrieb
wieder auflebt, heute, da die Menschen sich
immer öfter genötigt sehen, ihr Arbeitsgebiet
zu wechseln. Das Gräberfeld (seitlich) regt
unsere Phantasie an, hier ist heiliger Boden.
Weit über erträumte Wasser zieht ein seltsam
Schiff. Vergangenheit begegnet der Gegenwart,
oh, seltsame Welt in Stein! In den Stein
setzen wir unsere Traumsegel. Oh Wogen!
Oh Meer — in Stein!

45

46

47

48

Öland, solens och flyttfåglarnas ö, är en
kalkstensklippa med omväxlande åkrar,
hedmarker, ängar och lundar — ett tillhåll för
en förnäm flora och fauna. Turistattraktionerna
är, förutom bron, inte många. Den mest kända
torde vara Borgholms slottsruin, här sedd
från Alvaret. Slottet eldhärjades 1806. Andra
sevärdheter är Himmelsberga, Källa ödekyrka,
engång sockenfästning, och skeppssättningar-
na på landborgkrönet vid Gettinge, kanske
från bronsåldern (föregående uppslag).

Öland, the sunny Baltic isle where the migrants
alight, is a single slab of limestone. Ploughed
fields, heaths, meadows and woodlands cover
its surface. Öland is notable for its unusual
flora and fauna. Other than the bridge itself,
the island's tourist attractions are few. Best
known are the ruins of Borgholm Castle.
ravaged by fire in 1806, it is here seen from
the "alvar" — the Öland steppe. Other sights
are Himmelsberga, the ruined church at Källa
— once a village fortress — and the ship burials
on the heights at Gettinge, which possibly date
from the Bronze Age (previous pages).

Öland, die Insel der Sonne und der Zugvögel,
ist eine Kalksteinklippe. Äcker, Heideland,
Wiesen und Wälder geben ein wechselvolles
Bild — ideales Gelände zugleich für besondere
Flora und Fauna. Außer der neuen Brücke gibt
es nicht viele Touristenattraktionen. Vor allem
mag die Schloßruine von Borgholm bekannt
sein, hier von Alvaret gesehen, 1806 durch eine
Feuersbrunst zerstört. Als weitere Sehens-
würdigkeiten sind Himmelsberga, Källas
Einödkirche, eine ehemalige Festung, zu
nennen, und die, aus hochkant aufgebauten
Steinen, in ihrer Form an Schiffe erinnernden
vorgeschichtlichen Grabstätten auf den
Kämmen der Uferberge bei Gettinge, vermut-
lich aus der Bronzezeit stammend. (Vor-
hergehende Karte.)

49

50

51

Överst syns Linköpings monument över
bonden och vikingen Folke Filbyter, därunder
Tingstads kyrka, »Pilens backe» i Gamla
Linköping och fontänen i järnvägsparken
i Norrköping. Kolmårdens djurpark, Övralid,
Omberg, Gränna, Tåkern och Göta Kanal är
andra sevärdheter. Den heliga Birgittas
Östergötland är rikt på historiska minnen.
Slott och klosterbyggnader i Vadstena,
Linköpings domkyrka och Vreta kloster hör
också till det bördiga landskapet vid Vättern.

(Top) Linköping's Monument to the legendary
Viking peasant, Folke Filbyter. (Beneath)
Tingstad church, "The Willow Slope" in the
reassembled town of Gamla Linköping,
and the fountain in Norrköping's railway park.
Kolmården Zoo, Övralid, Mt. Omberg, the old
town of Gränna on Lake Vättern, the Lake
Tåkern bird sanctuary, and the Göta Canal,
are all famous tourist sights. Indeed, Öster-
götland, the province of St. Bridget, is full of
historical memories. At Vadstena are the castle
and monastery buildings. Linköping Cathedral
and Vreta Kloster all lie in Östergötland's
fertile plainlands.

Zu oberst sehen wir ein Denkmal in Linköping,
den Bauer und Wikinger Folke Filbyter dar-
stellend, darunter Tingstad Kirche, im alten
Linköping »Pilens backe« und dann die Spring-
brunnen im Bahnhofspark von Norrköping.
Der Tierpark von Kolmården, Övralid,
Omberg, Gränna, Tåkern und der Götakanal
sind weitere Sehenswürdigkeiten. Das Öster-
götland der Heiligen Birgitta ist reich an
historischen Gedenkstätten. Die Schloß- und
Klosterbauten in Vadstena, die Domkirche zu
Linköping und das Vreta-Kloster gehören auch
zu der fruchtbaren Landschaft um den
Vättersee.

52

Den sanna friden är som naturen, full av liv.
I dess närhet faller många av våra förbehåll till
marken utan komplikationer. Vi blir öppna
och undfående — som barn. Den svenska
sommaren är kort och intensiv. För många av
oss gäller det att rätt utnyttja tillfället. Därför
händer det, att också jäktade svenskar kan sitta
i andakt inför den enkla lovsång som några
blommor eller en andfamilj i en strandkant är
innefattade i.

True peace, like nature, is full of life. In its
presence many of our defenses fall to the
ground. We become open, receptive as
children. The Swedish summer is brief and
intense; for many people it's an urgent matter
to get the most out of it in the right way.
This is why not a few Swedes can sit piously
contemplating wild flowers or a family of
ducks swimming along the shore of some lake.

Der wahre Frieden ist, wie die Natur, voller
Leben. Wo Frieden herrscht, lassen wir meist
Zurückhaltung und Vorsicht fallen. Wir
werden aufgeschlossen und empfänglich wie
Kinder. Der schwedische Sommer ist kurz
und intensiv. Für viele von uns gilt es,
jeden Augenblick so recht zu nützen. So kann
es geschehen, daß auch ein gehetzter Schwede
vor ein paar Blumen oder einer Entenfamilie
an einem Uferstreifen andächtig verweilt,
um in diesen schlichten Lobgesang der
Natur miteinzustimmen.

Nog kunde gamla tiders arkitekter planera
för framtiden. Visby medeltida ringmur är
alltjämt i tjänst genom att skydda den äldsta
bebyggelsen. Det finns värden, som vi måste
försvara, även om det måste ske på mycket
lång sikt. En ännu äldre och lika levande
gotlandsbild representerar öns urhäst, det så
kallade russet. Oavsett om man anlägger
negativa eller positiva synpunkter på den tid då
det var gott om sköna tidsfördriv, är det
befriande att se russen rusa över en hed långt
bortom de ljusblå ruinerna. Visby, Nordens
Jerusalem!

The architects of olden times certainly knew
how to plan for the future. The oldest parts of
Visby are still protected by the mediaeval
town wall. Certain values must at all costs be
preserved, even for the remote future. An even
older but equally living feature of Gotland is
the island's primitive race of horses — the
so-called Gotland "russ". Nothing can be more
exhilarating than to see these little horses
galloping away into the distance beyond the
pale blue of the ruins. Visby, the Jerusalem
of the North.

Wie gut konnten die Architekten vergangener
Zeiten für die Zukunft planen! Die Ringmauer
von Visby, im Mittelalter errichtet, tut noch
immer ihren Dienst und schützt diese älteste
Besiedlung. Es gibt Werte, die wir verteidigen
müssen, sei es auch auf sehr lange Sicht.
Ein noch älteres und sehr lebensvolles Symbol
der Insel Gotland ist das Ur-Pferd der Insel,
das Russen-Pony. Unabhängig davon, ob man
die Zeit, da man vielen schönen Vergnügen
huldigte, negativ oder positiv bewertet,
es ist befreiend, das Gotland-Pony über die
Heide galoppieren zu sehen, weit hinter den
bläulich schimmernden Ruinen. Visby,
du Jerusalem des Nordens!

55

56

Ett tempel är något himmelskt, väl värt
att bevara, inte minst med tanke på det arbete
som nedlagts på dess uppförande. Varje
generation tempelbyggare måste ha känt
detsamma: Vi är alla de nödvändiga stenarna,
men en Annan har upprättat altaret, en Annan
ser vår svaghet och håller oss samman.

Always there is something heavenly about
any temple, and always it is worth preserving,
if only because of the toil that once went into
its creation. Every generation of temple-
builders must have had the same thought:
"We're the stones. Someone Else sees our
weakness and holds us together."

Ein Tempel ist etwas Himmlisches, wohl wert,
erhalten zu werden, nicht zuletzt in Gedanken
an die Arbeit, deren es zu seiner Errichtung
bedurfte. Tempelerbauer aller Generationen
mußten von demselben Empfinden erfüllt
gewesen sein: Wir alle sind die notwendigen
Steine, aber ein Größerer hat den Altar
errichtet, ein Größerer weiß um unsere
Schwächen und hält uns in seiner Hand.

För över 400 miljoner år sedan skapades detta spökliga landskap, denna vindarnas ödesmättade valplats. Det var, innan människan steg upp ur havet. Några blommor och martallar är ofta de enda prydnaderna, men ett raukfält skall helst vara alldeles naket och skilja sig markant från exempelvis skeppssättningarna med deras böljande valv av grönska sommartid.

More than 400 million years ago, long before man's earliest ancestors came out of the sea, this ghostly landscape came into being. Here, where all winds meet, a few wild flowers and stunted pines are the only embellishments. But a "rauka" field is better barren. In this it is strikingly unlike the ship burial sites, for instance, in their lush summer verdure.

Vor über vierhundert Millionen Jahren entstand diese geisterhafte Landschaft, diese Walstatt schicksalsgeladener Winde. Es war, ehe der Mensch aus dem Meer gestiegen. Wenige Blumen und Legföhren bilden meist die einzige Zierde, aber die Rauken stehen ja am schönsten im kahlen Feld, umso markanter heben sie sich ab von den vorgeschichtlichen Grabstätten (Schiffssetzungen) mit ihren im Sommer grün überwucherten Bögen.

59

Ingenstans torde kyrkorna uppsökas för sin
svalka som på Gotland. Det första besökaren
ser, är ofta en dopfunt, vilkens skapare tidigt
nådde världsrykte. Också en friluftsmålare
behöver skugga. Utan anspråk på att vara
mästare slår han upp sitt parasoll vid ring-
muren och börjar leka med färgerna. Plötsligt
händer något outsägligt. Som ekot av ett
ängsligt hjärta höres musik, klangen från
S:ta Maria fyller den molnfria rymden.

Nowhere are churches so cool on a summer's
day as on the Isle of Gotland. The first object
to meet a visitor's eye is often a font, the work
of some once-famous sculptor. Even a painter,
working in the open air, needs shade, and puts
up his parasol outside Visby town wall before
letting his colours play on the canvas. Then,
all of a sudden, something inexpressible
happens. Like the echo of an anxious heart,
music fills the air — the bells of St Mary's
Cathedral, under the wide sky.

Nirgendwo werden Kirchen so sehr um ihrer
Kühle willen aufgesucht, wie auf Gotland.
Zunächst erblicken die Besucher meist
ein Taufbecken, dessen Schöpfer schon früh zu
Weltruhm kam. Auch ein Freiluftmaler
braucht Schatten. Ohne Anspruch auf den
Titel »Meister« zu erheben, schlägt er seinen
Sonnenschirm an der Ringmauer aus und
beginnt sein Spiel mit den Farben. Plötzlich
geschieht etwas Unbeschreibliches: Wie das
Echo eines angsterfüllten Herzens erklingt
Musik, die Klänge aus St. Maria erfüllen den
wolkenfreien Himmelsraum.

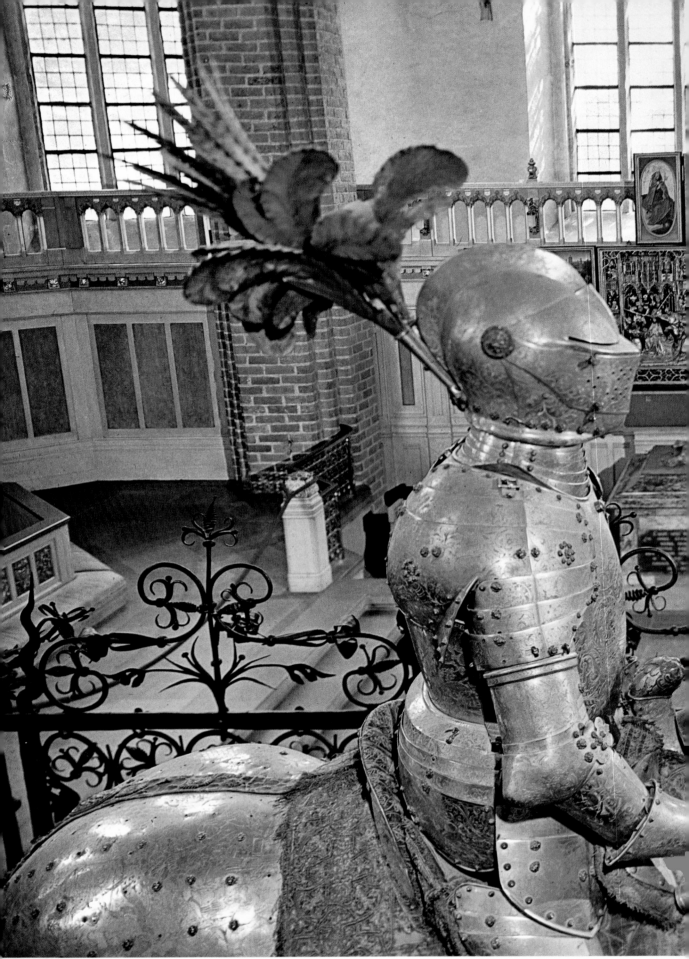

Vid anblicken av denna rustning, placerad i en
av Sveriges vackraste helgedomar, passar det
att tolka Bibeln efter nutida förhållanden:
»Mitt hus skall vara ett bönehus, men ni har
gjort det till ett museum.»

Seeing such armour in one of Sweden's most
beautiful sanctuaries one is provoked to a
Biblical paraphrase suited to modern circum-
stances: "My house shall be a house of prayer,
but ye have made of it a museum!"

Beim Anblick dieser aufwendigen Ausstattung
noch dazu in einem der schönsten Heilig-
tümer Schwedens, ist es angebracht, ein Bibel-
wort den heutigen Verhältnissen entsprechend
zu übersetzen: »Mein Haus soll ein Tempel sein,
aber Ihr habt es zu einem Museum gemacht.«

Tamtara tam! Tamtara tam! I spetsen går
Fanfaren. Fåglarna på taken svara — tjuitt,
tjuitt. Vinden fyller med fågelsång de växande
standaren! Och Tamburmajorens »guldstav»
blixtrar vitt. Vaktparaden, som tillkom
redan 1523, var en realitet också för Karl XII,
som står staty i Kungsträdgården, underligt
nog utan häst. Hans krigiska bedrifter är
mycket omstridda.

First come the trumpeters. And from the
rooftops the wind blows the birds' excited
twitter into the fluttering flag. The drum-
major's staff flashes white in the sunlight.
The ceremony of the changing of the guard
outside the Palace in Stockholm dates from
1523. Already it had become a tradition in the
days of Charles XII, whose statue stands in
nearby Kungsträdgården. Opinions divide
sharply as to the value of his military exploits.

Tamtara tam! Tamtara tam! An der Spitze
marschieren die Fanfaren. Auf den Dächern
zwitschern die Vögel Antwort — tschiwitt,
tschiwitt. Der Wind bläst Vogelsang zu
den Standarten, sie wehen hoch auf. Und der
»Goldstab« des Tamburs blitzt hell. Die
Wachtparade, 1523 ins Leben gerufen,
gab es schon für Karl XII., dessen Standbild
im Kungsträdgården steht — sonderbar genug
nicht zu Pferd. Seine kriegerischen Helden-
taten sind sehr umstritten.

Isjakten är en av förutsättningarna för ett både
fartfyllt och farofyllt nöje, som blivit populärt
igen. Seglen tycks hämtade ur isen. Plats alltså
för en ny Odysseus, som försvinner vingsnabbt
över svarta djup.

Ice-yachting is another sport which, being both
speedy and dangerous, has become popular
again. The sails seem to grow out of the ice,
and a present-day Ulysses flits across black
frozen depths.

Das Eisjachtsegeln ist ein ebenso bewegungs-
frohes wie gefahrvolles Vergnügen, das neuer-
dings wieder populär geworden ist. Man meint,
die Segel wüchsen aus dem Eis empor. Freie
Bahn für einen neuen Odysseus, der in Win-
deseile über schwarzen Tiefen entschwindet.

Också i Stockholm finns idyllen kvar, även om
slummen blivit kulturbostäder och originalen
ersatts av s.k. kulturarbetare, som har bättre
råd. Här en innegård, sedd ur lövsångarens
perspektiv. Som jämförelse ovanstående bild av
en festkuliss, de kungliga koppartälten vid
Haga: ingen närhet, ingen gemenskap.

Stockholm still retains some of its idylls
— even if its more picturesque slums have
recently been turned into homes from "cultural
workers" better able to afford the new rents
than the eccentrics who once inhabited them.
Here's a bird's-eye view of a typical back yard.
Compare it with the other photo (above) of the
Royal Tents, at Haga. A festive backdrop to a
royal play, they lack all intimacy, all communi-
ty of feeling.

Auch in Stockholm gibt es noch Idyllen,
wenn auch aus den Slums kultivierte Wohn-
viertel entstanden und die »Originale« von
sogenannten Kulturschaffenden ersetzt wur-
den, die ein besseres Auskommen haben.
Hier ein Innenhof, aus der Perspektive des
Laubsängers gesehen. Als Gegenstück oben-
stehendes Bild einer Festkulisse, das König-
liche Kupferzelt bei Haga: Nichts spricht uns
an, wir finden kein Verständnis.

Ett enda skepp oss söker, det kan ej förlisa,
och obevekligt, utan att vi kan göra något
åt det, bogserar det en väldig tystnad.

A single ship seeks us out. A ship that cannot
suffer shipwreck. Inexorable, irresistible,
it has in tow an immense silence.

Ein einzig Schiff ist für uns ausgesandt und
niemals wird es kentern. Unerbittlich zieht es
in gewaltiger Stille seinen Weg, uns ist
darüber keine Macht gegeben.

Lejonet, ett skulpturfynd från det vittberömda regalskeppet »Wasa», får symbolisera rikets makt och myndighet, vad gäller Sveriges finanser. Vårt land har ju till och med nämnts som rikast i världen. Med välståndet följer också kravet på ökade insatser från medborgarena, som ofta måste göra ett hårt och slitsamt jobb. En del orkar inte med, andra föredrar att fly utomlands. Som skäl för sin landsflykt brukar våra emigranter, utöver skattebördan, nämna den svenska vintern.

This sculpted lion, rescued from the world-famous 17th-century flagship »Wasa», once stood for the power and majesty of Imperial Sweden. Today, perhaps, for our wealth. We've even been called the world's richest country. But our prosperity makes ever greater demands on the Swede-in-the-street, who often has to half-kill himself with work to keep it up. And some of us can't stand the pace. Others, though able to, flee abroad. These emigrés give two reasons for their flight: the pressure of taxation, and the Swedish winter.

Der Löwe, eine alte Skulptur, geborgen aus dem bekannten Königlichen »Wasa-Schiff«, symbolisiert die Macht und Autorität des Reiches, wachend über den Reichtum des Landes. Schweden wird ja sogar das reichste Land der Welt genannt. Doch der Wohlstand zwingt die Bürger zu immer stärkerem Einsatz, verlangt oft harte, kräfteverzehrende Arbeit. Manche versagen, andere ziehen es vor, auszuwandern. Als Grund für ihre Landesflucht nennen unsere Emigranten — abgesehen von der Steuerlast — den harten, schwedischen Winter.

Stadshuset i rikets huvudstad invigdes mid-
sommaren 1923, alltså jämt 400 år efter
Gustaf Vasas intåg i det befriade Stockholm
1523, tiden för den moderna svenska demokra-
tins födelse. Byggnadens utsmyckning utgöres
bland annat av Mälardrottningen, en mosaik i
tidens stil, placerad i Gyllene Salen. Ragnar
Östberg var arkitekt för anläggningen,
som gör intryck av att vara ett mellanting
mellan borg och tempel.

Stockholm Town Hall was inaugurated in 1923,
just 400 years after Gustaf Vasa's entry into a
liberated capital. If the latter event marked the
establishment of a Swedish national state,
the former coincided roughly with the birth of
modern Swedish democracy. One of the Town
Hall's most striking figures is the »Queen of
Lake Mälaren» mosaic, in the Golden Hall.
The architect of the Town Hall, something
between a palace and a temple, was Ragnar
Östberg.

Stadhuset in der Hauptstadt unseres König-
reichs wurde am Mittsommertag 1923 einge-
weiht, also genau vierhundert Jahre nachdem
Gustaf Vasa 1523 in das befreite Stockholm
Einzug hielt. Dieser Tag gilt zugleich als
Geburtsdatum der modernen schwedischen
Demokratie. Zu den Innendekorationen dieses
Gebäudes gehört u.a. die »Mälar-Königin«,
ein Mosaik aus der modernen Zeit, das den
Goldenen Saal ziert. Ragnar Östberg hat als
Architekt den Gesamtbau betreut, der uns als
ein Mittelding zwischen Burg und Tempel
erscheint.

Denna bild är genom sin frid sällsynt. Uppsala
domkyrka brukar annars vara kringsnärjd
av byggnadsställningar — föremål för, som det
tycks, eviga reparationer. Oföränderlig är också
relationen mellan kyrka och stat, i väntan på
planerade reformer. Men även om allt skulle
leda till djup tystnad, bleve summan ingalunda
en tro utan värde. Ty mitt i denna tystnad står
ett kors, ett vittnesbörd om en verklighet,
som aldrig förgår.

Uppsala Cathedral, eternally entangled in
builders' scaffoldings, seems always to be
under repair. So this view is singularly
tranquil. Though reforms are planned,
relations between Church and State have so far
remained unchanged. Even if these reforms
should lead only to a deep silence, the result
would by no means be a worthless faith.
For in the midst of this silence stands a cross,
witness to an imperishable reality.

Dieses Bild ist durch den Frieden, den es
ausstrahlt, eine Rarität. Die Domkirche zu
Upsala ist ansonsten ständig umstellt von
Baugerüsten, die allem Anschein nach für nie
endende Reparaturen gebraucht werden.
Nie enden zu wollen, scheinen auch die
Gespräche zwischen Kirche und Staat über
geplante Reformen, man wartet weiter.
Aber auch wenn alles zu tiefem Schweigen
führen sollte, bliebe doch der Glaube wertbe-
ständig erhalten. Denn mitten in allem
Schweigen erhebt sich ein Kreuz, Zeugnis und
Kunde einer Wirklichkeit, die niemals vergeht.

74

75

76

77

78

Upplands äldsta historia vilar ännu under jättekasten. Huvudort efter Sigtuna är Uppsala i svearnas urbygd. Där finns de tre berömda kungshögarna. Upplänningen, lika hemma i Roslagen som på slätten, är ett flärdfritt barn av sin jord. Översta bilden visar residenset, därunder syns mälarslottet Skokloster, kyrksilver i ärkestiftets katedral och Universitetet, landets äldsta.

The oldest history of Uppland province lies hidden beneath these gigantic mounds. Uppsala, next in importance to Sigtuna, was in the heart of the country of the Sveas. And it is here at Old Uppsala that the three famous royal tombs rise from the plain. Beside them once stood the temple where the Sveas made human sacrifices to their gods. The uppermost photo is of the governor's residence. Beneath: Skokloster Castle, on the shores of Lake Mälaren, built by Field-Marshal Wrangel in the 17th century; the silver treasure of Uppsala Cathedral; and the University, Sweden's oldest.

Upplands älteste Vergangenheit ruht noch immer unter gewaltigen Findlingsblöcken. Neben Sigtuna ist Upsala im Ursprungsland der Svealänder die Hauptstadt. Dort finden wir die drei berühmten Königsgräber. Der Bewohner Upplands, in Roslagen ebenso daheim wie auf der weiten Ebene, ist ein einfaches, unkompliziertes Kind seiner Heimaterde. Das oberste Bild zeigt die Residenz, darunter erkennen wir das Schloß Skokloster im Mälarsee, kirchliche Silberschätze aus der erzbischöflichen Stiftskathedrale und schließlich die Universität von Upsala, die älteste des Landes.

79

80

Västmanland med sina stora skogar brukar
förbindas med Bergslagen, brukens och
hyttornas land, numera centrum för stor-
industri, bland annat ASEA och Gränges
Essem. Bilderna är från Västerås — stadshuset
(överst) med klocktorn, ett berömt parti av
Svartån med korsvirkeshus samt domkyrkan,
där Erik XIV:s grav finns.

Västmanland, a province of great forests,
is deeply associated with the Bergslagen region,
once the centre of the Swedish iron-mining
industry. Today Västmanland is the seat of
several of Sweden's largest concerns, for
instance ASEA and Gränges Essem. The
photos are from Västerås — the Town Hall
(above) with its clock tower, half-timbered
houses picturesquely lining the Svartån River,
and the Cathedral, where the hapless King
Erik XIV lies buried.

Västmanland mit seinen weiten Wäldern
verbindet man immer mit seinen Bergbauge-
bieten, es ist das Land der Gruben und
Hüttenwerke, jetzt Zentrum der Schwer-
industrie wie die ASEA und andere Metall-
werke. Die nebenstehenden Bilder zeigen das
Stadshuset von Västerås mit dem Glocken-
turm, (zu oberst), ein bekanntes Motiv aus
Svartån mit Fachwerkbauten und dem Dom,
wo Erik XIV. begraben liegt.

81

82

Man talade engång om de röda stugornas folk,
idag skulle man kunna säga Gammalsverige.
Det var ett Sverige, som man, socialt sett,
knappast önskar tillbaka. Men är vi lyckligare
i Nysverige? Lycka — det kan vara tystnaden,
när alla gått. Pionjärerna, liksom deras djur,
är borta, deras steg hör till en annan värld.
Men vi? Hur ska vi göra vår tillvaro menings-
fullare?

The old Sweden of the red timber cottages was
a poverty-stricken land, and no one today
would wish it back. But — are we modern
Swedes in our New Sweden all that much
happier? Happiness can be silence after
everyone has gone. The pioneers, the out-
croppers, like their cattle, have all vanished
— leaving us to try and create for ourselves
a more meaningful existence.

Man sprach in alten Zeiten von dem Volk der
roten Holzhäuschen — heute müßte man
beinahe von dem »alten« Schweden reden.
Dieses Schweden kann man sich, sozial
gesehen, wohl kaum zurückwünschen. Aber
sind wir im »neuen« Schweden glücklicher?
Glück — das kann die große Stille sein,
wenn alle gegangen sind. Die Pioniere,
aber auch ihre Tiere sind verschwunden,
der Hall ihrer Schritte gehört einer anderen
Welt an. Und wir? Wie sollen wir unser Dasein
sinnvoller gestalten?

83

84

Örebro slott, en mäktig manifestation av
Vasatidens kungavilja, ett kraftnedslag av grått
och historia. I dagens Sverige har Konunga-
huset inte mycket att säga till om. Huvud-
uppgiften: Att synas.

Örebro Castle, a massive token of the all-puis-
sant will of the Vasa kings, is like a great stone
fist thumped down in the landscape. Today,
the Kings of Sweden have little influence and
no authority. Mostly, their job is to be seen.

Schloß Örebro ist machtvoller Ausdruck
königlichen Willens der Vasa-Zeit, zu grauem
Stein gewordene geschichtliche Bedeutung.
Im Schweden von heute hat das Königshaus
nicht mehr viel zu sagen. Seine Hauptaufgabe:
Gesehen zu werden.

Vi färdas framåt, utan att märka det färdas vi
framåt i ett paradis utan gräns — och fåglarna
flyr sina bon, fiskarna söker sig ut från
stränderna. O, tystnad i skapelsens region!
Vi färdas framåt, utan att märka det färdas vi
framåt på skimrande vattenvägar i själens
guldkantade vassars skog. Sällsamma antipod:
att nalkas en vik av himlen, där ankrade båtar
glänsa som löv i dimma och sol! Vi färdas
framåt!

Always we're on the move, always moving on
through a limitless paradise. The birds leave
their nests, the fish leave the shores. What
silence in these creative depths! Though we
may not be aware of it, we too are floating on
along shimmering waterways through the
soul's forest, lined with golden rushes.
A strange antipodes: to enter a heavenly creek,
where anchored boats gleam like leaves in the
misty sunshine! — And still we drift on!

Weiter geht unsere Fahrt, unbemerkt geht
es weiter, einem Paradies ohne Grenzen
entgegen — doch die Vögel flüchten aus ihren
Nestern, die Fischer verlassen die Ufer
und Gestade. Oh Stille der Schöpfung!
Uns treibt es weiter, unbemerkt führt unsere
Fahrt weiter dahin auf schimmernden Wasser-
wegen zu goldgesäumten Schilfwäldern
unserer Seele. Seltsamer Antipode: einer Bucht
unter dem Himmelsbogen sich nähern,
wo ankernde Boote wie Laub in Nebel und
Sonnenlicht glänzen! Weiter geht unsere Fahrt!

87

89

88

90

En dalslänning lär bli lika högstämd inför
Vänerns fiskmåsar bakom böndernas traktorer
som inför sjön själv, där Åmål ligger, eller
akvedukten i Håverud. De många sjöarnas land
har bördig jord i ett milt västkustklimat.
Stämningen kring pappersbruk och gårdar
på Dal är närmast pastoral.

Nothing is said so to quicken the spirits of a
Dalslander than the sight of Lake Vänern's
seagulls following a tractor, unless it is the
sight of that great lake itself, or the aquaduct
at Håverud. The little provincial capital of
Åmål lies on the shore of Lake Vänern,
and the papermills and farms of Dalsland in
the most pastoral setting imaginable.

Ein Dalsländer könnte sich schon durch den
Anblick der Möwen des Vänersees, die hinter
den Traktoren der Bauern herfliegen, ebenso
hochgestimmt fühlen, wie durch den See
selbst, an dessen Ufer Åmål liegt oder durch
den Aquädukt bei Haverud. Dieses Land der
zahlreichen Seen hat fruchtbare Erde unter
einem milden, von der Westküste bestimmten
Klima. Die Gegend um die Papierfabriken und
die Bilder der Gutshöfe in Dal erinnern
stimmungsmässig an Hirtenmotive.

Att värmlänningarna har en stark känsla för
hembygden vet vi, bland annat genom
Selma Lagerlöf. Landet kring Klarälven är
också starkt präglat av närheten till Norge.
Rottneros, Ekeby i Gösta Berlings saga,
får liksom diktarinnans staty i Karlstad
företräda det storslagna utöver industrierna.

As soon as one comes to Värmland one knows
— if only from Selma Lagerlöf's novels —
that one is in a province strongly conscious of
its own traditions. Traversed by the Klarälven
River, Värmland lies close to Norway. Rottne-
ros Manor (the "Ekeby" of Selma Lagerlöf's
"The Story of Gösta Berling") together with
her statue in Karlstad, stand as monumental
representatives of Värmland besides its great
industries.

Daß die Värmländer besonders stark an ihre
engere Heimat gebunden sind, wissen wir vor
allem aus Selma Lagerlöfs Werken. Das Land
um den Klarälv ist durch die Nähe Norwegens
stark geprägt. Rottneros, »Ekeby« in der Gösta
Berlings Saga, ebenso das Denkmal der
Dichterin in Karlstad machen uns bewußt,
daß das wahrhaft Große den Vorrang hat über
alle industriellen Erfolge.

91

93

92

94

Gästrikland är fågelmarker, blå höjder
och Dalälven. Men även rykande massa-
fabriker, järn- och stålindustri. Det gamla
Järnbärarland med Norrlands äldsta stad,
Gävle, är vida känt liksom kulturhusen,
Sandvikens äreminne Stångjärnshammaren,
Furuvik och Älvkarlebyfallen.

Gästrikland is a province of bird sanctuarie«,
blue distant hills and the Dalälven River.
But also of smoking sulphite mills, iron and
steel works. Gävle, the oldest town in Northern
Sweden, is the provincial capital. Not far away
is Sandviken, the modern steel town, with its
great pig-iron hammer. Also Furuvik Park and
the Älvkarleby Falls.

Gästrikland ist ein Vogelland mit blauen
Höhen und dem Dalälv. Aber auch zahllose
rauchende Fabriken, Eisen- und Stahlindustrie
finden wir hier. Das alte Eisenträgerland mit
der ältesten Stadt Norrlands, Gävle, ist weithin
bekannt, ebenso wie die Kulturdenkmäler,
das Ehrenzeichen »Stångjärnshammaren«
— ein aus Stangeneisen geschmiedeter
Hammer — Furuvik und der Wasserfall
bei Älvkarleby.

Karlsgården, en gammal bondgård, nu hem-
bygdsgård i Järvsö och Ljusdals kyrka
(exteriör) i Ljusnans älvdal får företräda
Hälsingland, annars mera känt för sina
finnmarker, timmerskogar och unika allmoge-
målningar.

These views from "Karlsgården", an old
farmstead at Järvsö and of Ljusdal Church in
the Ljusnan River Valley must stand for
Hälsingland, a province otherwise most known
for its desolate forest lands inhabited by
Finnish immigrants, its fine timber and unique
peasant paintings.

»Karlsgården«, ein alter Bauernhof, jetzt
Gemeindeheim in Järvsö, und die Ljusdals-
Kirche (Aussenansicht) im Flußtal der Ljusnan
repräsentieren Hälsingland, das vor allem
durch seine ehemals von Finnen besiedelten
Landstriche, durch seine dichten Nadelwälder
und einzigartigen Bauernmalereien bekannt ist.

Östra bron i Karlstad, en klassiskt skön
skapelse, alltjämt i bruk. Betänk, vad gångna
generationer lämnat åt oss, inte bara av
konstruktivt arbete utan också av skönhet.
Du som drömmer om att slå broar mellan
människor, se på valven över vattnet!

The East Bridge at Karlstad, a bridge of
classical proportions, is still in use. It reminds
us Swedes how much we owe to our fore-
fathers, not only in constructive work but also
in sheer beauty. Such a bridge is both a means
and a symbol of human communication.

Östra bron — die Ostbrücke in Karlstad,
ein klassisch-schönes Bauwerk, wird immer
noch stark befahren. Erkennt, was vergangene
Generationen uns hinterlassen haben, nicht nur
an konstruktiver Arbeit, sondern auch
an Schönheit. Du, der du davon träumst,
Brücken von Mensch zu Mensch zu schlagen,
sieh' diesen sich über das Wasser schwingen-
den Bogen an!

Vitsippsmarken och ett industrikomplex
— där finns kanske ett ömsesidigt beroende.
Men nog får, också i vårt land, naturen
vidkännas en del onödiga följder av civilisa-
tionens framfart. Därför har miljöförstöringen
här och där fött det djupaste tvivel på kulturen.

An anemone and an industrial complex
— two sights more interdependant, perhaps
than one might suppose? In Sweden, too,
civilization has had unnecessary consequences
in the form of pollution, to an extent which has
even cast doubts on that civilization's value.

Das Land der Anemonen und ein Industrie-
komplex — vielleicht gibt es hier eine gewisse
Abhängigkeit? Allerdings, auch in unserem
Land muß die Natur eine Reihe unnötiger
Folgeerscheinungen der Zivilisation ertragen.
Kein Wunder, daß aus der Umweltverschmut-
zung die immer wieder auftauchenden, tiefen
Zweifel an der Zivilisation geboren werden.

Svensk idrott, inte minst vintersporten,
är välkänd utomlands. Vasaloppet lockar
deltagare från alltfler nationer. Det är dess-
utom ett av det svenska folkets största
konditionstest. Viktigare än att komma först
är att komma fram.

Snowy Sweden is naturally a wintersport land.
Each year the Vasa Ski Race, the world's
biggest, attracts more skiers from abroad.
A supreme test of physical fitness, to finish the
race at all is almost more important than
winning it.

Schwedens sportliche Leistungen, nicht zuletzt
auf dem Gebiet des Wintersports, sind im
Ausland sehr bekannt. Der Vasa-Lauf lockt
immer mehr Teilnehmer aller Nationen an.

Zudem ist er einer der besten Konditionstests
für die schwedische Bevölkerung. Ans Ziel
zu kommen, ist wichtiger, als Erster zu sein.

Numera är hemmet för många svenskar något högst rationellt, och familjen betraktas alltmera som dess personal. Samma synsätt kännetecknar den nya äktenskapslagen, där äktenskapet beskrives som en ekonomisk förening, vilket tydligt återspeglas i det officiella vigselformuläret. Kärleken, som förr förutsattes vara drivkraften, nämns inte. Tiderna förändras.

Swedish homes are rationally designed — perhaps even too rationally, so that the family tends to regard itself as mere personnel, operating all its labour-saving refinements. Marriage itself, in the same rationalistic view, has come to be described in Swedish law as "an economic union", a notion clearly mirrored in the words of the civic wedding ceremony. Love, once regarded as the mainspring of the whole affair, no longer even gets a mention. Yes, times are certainly changing . . .

Heutzutage ist ein Heim für viele Schweden etwas sehr Nüchternes und die Familie wird mehr und mehr zum Personal des Hauses degradiert. Es ist bezeichnend, daß die neuen Ehegesetze aus demselben Blickwinkel geschaffen wurden, denn sie erklären die Ehe für eine vom Wirtschaftlichen bestimmte Gemeinschaft. Dies spiegelt sich deutlich wieder in den offiziellen Trauungsformularen: Von Liebe, früher Voraussetzung und Anreiz für eine Eheschließung, wird nicht gesprochen. Die Zeiten ändern sich.

Vare sig det gäller den vilda ritten eller
en kyrkbåt: vi är på väg. Också när vi vilar.
Vi färdas framåt, utan att märka det färdas
vi framåt — som längtans förlamade pilar,
som brådskande brev — i tidens förklarade
landskap, där speglingens sista kyss förseglat
himmel och jord. Vi färdas framåt. Utan att
märka det färdas vi framåt, framåt.

Whether in a wild gallop or rowing a "church
boat", or even at rest, whether we're aware of it
or not, still we're always on the move — like
arrows of a paralyzed longing, like urgent
letters. Always we're moving forward through
time's mystical landscape.

Ob es um einen wilden Ritt geht oder um eine
Fahrt mit dem Kirchenboot: Wir sind unter-
wegs. Auch, wenn wir ruhen. Weiter geht
unsere Fahrt, unbemerkt werden wir vorwärts
getrieben — wie Pfeile der Sehnsucht, längst
ermüdet, wie eilige Briefe — in die verklärte
Landschaft der Zeit, wo Himmel und Erde sich
spiegeln und wie durch einen letzten Kuß
versiegelt erscheinen. Weiter geht die Fahrt.
Unbemerkt geht es ständig weiter, weiter.

Här är livet med spel och dans, här leva vi i vår glädje! Midsommarfirandet är ingen verklighetsflykt. Den skummande folkmusiken fordrar hårt arbete, och varför skulle inte människan liksom naturen klä sig till fest!

There's nothing escapist about a Swedish Midsummer festival. For the fiddlers, folk music is hard work. And why, at the climax of the year, shouldn't people dress themselves up, as nature herself does?

Hier ist Leben, Spiel und Tanz, hier leben wir in Freuden! Die Mittsommerfeste bedeuten nicht Flucht aus der Wirklichkeit. Die schwungvolle Volkmusik darzubringen, erfordert harte Arbeit. Und warum sollte der Mensch es nicht der Natur gleichtun und sich festlich kleiden?

103

104

Sveriges radikala omvandling från bondeland
till industristat har satt spår inom många av
livets områden. Människan, tycker en del
kritiker, kommer alltmer bort från naturen.
Anhängarna av den så kallade gröna vågen
menar, att vi måste återknyta till för människan
naturligare levnadssätt för att inte ödeläggas.
Höhässjan och den gamla vid smörkärnan har
kanske trots allt något att lära oss. Romantik?
Svar: Utan romantik ingen utveckling.

The radical transformation of Sweden from a
peasant land to an industrialized society has
left its mark in many spheres. Some of us are
alarmed at the rate at which we are losing
touch with nature, and there's a strong
movement back to the land. Perhaps, in spite
of everything, we've still something to learn
from a haywain and this old lady with her
butter churn? Romanticism? Yes, but all
progress is romantic.

Schwedens radikale Umkehr vom Bauernland
zum Industriestaat hat auf vielen Lebens-
gebieten Spuren hinterlassen. Die Menschen,
so sagen einige Kritiker, entfernen sich immer
mehr von der Natur. Anhänger der sogenann-
ten grünen Welle meinen, wir müßten zu einer
natürlicheren Lebensform zurückfinden,
wollen wir nicht zu Grunde gehen. Können wir
von den Heureitern auf den Feldern und von
der Alten am Butterfaß trotz allem noch etwas
lernen? Romantik? Die Antwort: Ohne Roman-
tik keine Entwicklung.

Svenskarna anses ju av många vara ett jord-
bundet folk, som väver sitt liv utan större
inslag av det bortomjordiska. En älskar dagens,
en annan nattens färger, och mönstren skiftar
alltefter vars och ens erfarenheter, men ingen
kommer ifrån detta faktum att vårt livs slutliga
utseende också beror av hur vi väver och vad
vi själva föredrar att ta med i det grannlaga
arbetet.

Many observers have seen us Swedes as a
down-to-earth folk who in the mingled skein of
our lives weave but few other-wordly strands.
One man loves the colours of the day, another
the night's; and the pattern shifts according to
individual experience. Yet the outcome is
inescapable — our lives' final aspect also will
depend on own weaving of them and on the
elements we have chosen to incorporate into
our different task.

Die Schweden werden ja von Vielen als ein
erdgebundenes Volk angesehen, als Menschen,
die ihr Leben weben, ohne dem Überirdischen
größere Bedeutung zuzumessen. Einer liebt die
Farben des Tages, der andere die der Nacht
und das Webmuster des Lebens zeigt die,
den jeweiligen persönlichen Erfahrungen
entsprechenden Schattierungen. Keiner aber
kann sich der Erkenntnis verschliessen,
daß letzten Endes Sinn und Gesicht unseres
Daseins auch davon abhängen, wie wir unser
Leben »weben« und welchen Anteil an dieser
heiklen Arbeit wir uns selbst zugemessen
haben.

109

Djup är ett tempels stillhet. Blåser en klocka
skrämt, snart har det flyende ljuset återvänt.
Lycklig lämnar jag templet. Kommen från
himmelska ting bär jag en stillhet med mig i
världen in.

The temple's silence is profound. A bell
strikes, and soon the fleeing daylight returns.
Leaving the temple, I feel happy to bring with
me into the everyday world something of its
heavenly stillness.

Tiefe Stille im Tempel. Verhaltener Glocken-
schlag, bald kehrt das fliehende Licht zurück.
Glücklich verlasse ich den Tempel. Aus
himmlischen Räumen kommend, trage ich die
Stille mit mir in die Welt hinein.

Svenskarna älskar blommor. Det uttalandet
kunde ha kommit från Linné själv, när han
gjorde sin upptäcktsresa genom Sverige.
Överallt yppar sig behovet av en lustgård.

We Swedes are great flower-lovers. Linnaeus
might well have made this observation as he
rode through Sweden on his famous botanical
journeys. Everywhere we evidence a need
for gardens.

Die Schweden lieben Blumen, Diesen Aus-
spruch könnte Linné selbst getan haben,
als er in Schweden seine Entdeckungsfahrt
machte. Allerorts offenbart sich das Verlangen
nach einem Lustgarten.

Storm över fjället. Här flyger yrsnön som
vargar. Ändå skulle jag vilja stå länge på
höjderna och se djupen under mig och tänka,
att Gud finns bakom varje liten prick därute
i det oändliga.

Storm over the mountains. The snow whirls
like a pack of wolves. And yet I long to stand
on those peaks, look down into the depths,
and reflect how God is behind every tiniest
snowflake, even into infinity.

Sturm über den Bergen. Wirbelnder Schnee
umtobt mich wie ein Rudel Wölfe. Dennoch
wollte ich bleiben, lange auf den Höhen
verweilen und zu den Tiefen unter mir hinab-
sehen und denken: Gott gibt es in jedem weißen
Pünktchen dort draußen im Unendlichen.

De rykande vattenmassorna hör till Tännforsen
i Jämtland. Tillsammans med andra, liknande
kraftkällor producerar de totalt så mycket
elektricitet, att det räcker för fyra femtedelar
av hela behovet. Detta är i hög grad för-
klaringen till att vårt land så relativt snabbt
kunnat utvecklas till ett högindustriellt
mönsterland.

These foaming masses are tumbling over
Tännforsen, in Jämtland. Together with other
similar sources, they produce four-fifths of all
the electric power Sweden needs, one of the
chief factors behind Sweden's swift emergence
as a highly developed industrial country.

Diese tobenden Wassermassen entströmen dem
Tännfors in Jämtland. Gemeinsam mit
anderen, ähnlich-reichen Kraftquellen liefern
die Gewässer so viel Elektrizität, daß vier
Fünftel des Gesamtbedarfs gedeckt werden.
Dadurch erklärt sich vor allem, daß unser
Land sich so relativ rasch zu einem hoch-
industrialisierten Musterland entwickeln
konnte.

Med solen i ryggen, in i tomheten — där är
det outsägliga. Jag färdas, alldeles ensam och i
ett landskap i medvind. Himlen visar sin
skönhet.

With the sun behind one's back, into
emptiness — an inexpressible experience. In a
following wind I float on alone into a land-
scape. And the sky reveals its beauty.

Die Sonne im Rücken, hinein in die unend-
liche Weite — dort ist das Unaussprechliche.
Mein Weg führt mich weiter, allein gelassen
in dieser Landschaft, den Wind im Rücken.
Der Himmel zeigt seine Pracht.

115

116

117

Jämtland är inte bara Vattudalen, Döda fallet, Åreskutan. Det är också forsarna, Frösö medeltida kyrka, Storsjöodjuret, fältjägare och ripornas skratt i fjällskogen. Duveds skidterräng berättar om de trakter där så många dog i den tragiska karolinermarschen nyåret 1719.

Jämtland is not only mountains. It is also waterfalls, Frösö Church, the Great Lake Monster (which, like all the best monsters, may or may not exist), huntsmen, and the laughter of grouse in the highland woods. Where people nowadays come to ski at Duved, hundreds of Swedish soldiers once died in a terrible retreat, at the New Year 1719.

Jämtland ist nicht nur das Vattutal, Döda fallet, Åreskutan. Auch die Wasserfälle gehören zu dieser Landschaft, die mittelalterliche Kirche in Frösö, das Ungeheuer im Storsee, die Jäger auf den Feldern und der Lach-Schrei des Rebhuhns im Bergwald. Das Skigebiet bei Duved erinnert an den tragischen Karolingermarsch der — zu Neujahr 1719 in diesem Gebiet durchgeführt — so vielen Menschen den Tod brachte.

118

19

121

20

122

Medelpad med sina dalar och höjder kring
Ljungan och Indalsälven är ett rikt trävaru-
distrikt. Sulfat- och sulfitfabriker dominerar.
De glada medelpadingarna uppskattar in-
dustrins insats för utvecklingen av trävaru-
patronernas storcentrum, Sundsvall.

Medelpad, with its hills and valleys around the
Ljungan and Indal rivers, is noted for its
timber products. Everywhere are sulphate and
sulphite mills. Sundsvall, the capital of the
Swedish cellulose industry, was the creation of
the "timber barons" who first appreciated
Medelpad's potential.

Medelpad mit seinen Tälern und Höhen an den
Ufern des Ljungan- und des Indalflusses
ist durch seine Holzwarenindustrie ein
reiches Gebiet. Sulfat- und Sulfitfabriken
dominieren. Die fröhlichen Bewohner Medel-
pads wissen die Bedeutung der Industrie für
die Entwicklung ihres Zentrums Sundsvall
wohl zu schätzen.

Det ljusa och leende Ångermanland har en
vacker fjordkust, Nordingrå kan nämnas.
I garnisonsorten Sollefteå märks en hyllning
till älvarnas folk, monumentet »Timmer-
flottare» (överst). Niporna och Ådalen är
också sevärt, liksom Härnösand, allt lovprisat
av svenska diktare.

Ångermanland, bright and smiling, has a
number of fjords along its coast. Nordingrå is
one of the best-known. Though Sollefteå is a
garrison town, its "The Lumberjack" is a
monument to the riverfolk up here. Niporna
and Ådalen are both worth a visit. The town
of Härnösand is also a favourite.

Das helle freundliche Ångermanland hat eine
prächtige Fjordküste. Nordingrå muß genannt
werden. In der Garnisonsstadt Sollefteå steht
das Denkmal »Der Holzflösser« (zu oberst),
zu Ehren der Menschen am Strom. Sehenswert
sind die Uferböschungen und Ådalen, sowie
Härnösand — alles besungen und gepriesen
von schwedischen Dichtern.

Engång skall solen lysa i en renare luft och
haven skölja stränderna med renare vågor.
Engång skall jorden grönska i förlåtelsens frid
och alla känna trygghet och gemenskap.

A day will come when the sun shines down
through a cleaner air and the sea will wash our
shores with cleaner waves. A day will come
when the earth will burgeon with the peace that
comes of forgiveness and when everyone,
at peace with his neighbour, will feel secure.

Einmal wird die Sonne in reinerer Luft
leuchten und das Meer die Strände mit
reineren Wogen bespülen. Einmal wird die
Erde ergrünen, friedvoll, im Zeichen der
Vergebung, und alle werden Zuversicht und
Gemeinschaft erfahren.

Varför skulle vita vidder vara en lyx! Du kan
se dem också i ditt eget inre. Människans
längtan efter renhet är inte något välfärds-
fenomen. Söker du in i molnen, du sjunker
som i mjukt nytvättat blont hår, det skingras
för vinden, det driver som bomullsfjun i luften,
det svalkar. Som att känna en tunn fin gardin
blåsa över ansiktet. Och längre bort, i dimma,
under blommande träd, brinner för dig en
vintermorgons lyktljus.

Why should we fell such expanses of whiteness
to be a luxury? Look inside yourself. You'll
find them there. The longing for purity is no
mere epiphenomenon of the Welfare State.
Seek it in the clouds — it's like sinking into
soft blonde tresses, newly washed. The wind
scatters it, blows it like cotton wool through
the air to cool you. It's like a thin flimsy
curtain, blowing across one's face. Further off,
under flowering trees, in the mists, a white
winter morning candle is burning for you.

Warum sollten weiße Weiten Luxus sein?
Siehst du sie nicht auch in deinem Inneren?
Die Sehnsucht des Menschen nach Reinheit ist
keine Erscheinung unserer Zeit, sie bestand
immer. Versuchst du durch Wolken zu
wandern, versinkst du wie in frischgewaschenes
Blondhaar, es teilt sich im Wind, es treibt in
zarten Fäden durch die Luft, es kühlt. Es ist,
als fühle man feine Schleier über das Angesicht
wehen. Und weit draußen im Nebel, unter
blühenden Bäumen, leuchtet für dich eines
Wintermorgens Licht.

En skulptur av svenskt glas, i brinnande grönt,
föreställande bladformade lågor. Det är en
sammansatt upplevelse. En liknande strävan
— men utan dynamiska föreningar och
springbildningar — ger nedanstående kyrka.
Båda visar, vad ett samhälle kan med ekono-
miska resurser. Bara ett inhumant samhälle har
råd att vara utan.

A Swedish glass-sculptor fashions glass into a
green glow of leaf-like flames. A complex
experience, not dissimilar to the one yielded —
albeit without dynamic combinations and
flights of fancy — by the church below. Both
are instances of what a community can afford
with its resources. Only an inhuman society
can afford to dispense with such things.

Ein kunstvolles Gebilde aus schwedischem
Glas in leuchtendem Grün, versinnbildlicht
blattförmige Flammen. Ein komplexes
Erlebnis! Ähnliches Streben — wenn auch
nicht von solcher Dynamik — versinnbildlicht
die unten gezeigte Kirche. Beide Kunstwerke
sagen aus, was eine Gemeinde mit reichlichen
Mitteln schaffen kann. Nur eine menschen-
feindliche Gesellschaft kann es sich leisten,
auf solches zu verzichten.

Inget ljus utan mörker. Vintern håller oss i ett
hårt grepp. De flesta ser fram mot den
ljusare årstiden. Men bara de anpassade
klarar omställningen. Många blir deprimerade,
beroende på effektivitetskravet, som gör,
att människans inre ofta blir utan sysselsätt-
ning. Vårflodens budskap är efterlängtat:
»Inget mörker utan ljus!»

Without light, no darkness. While winter holds
Sweden in its fierce grip, most of us look
forward to a lighter season. Not everyone gets
through the long dark winter without succumb-
ing to a melancholy which also derives from
too exigent demands on outward efficiency,
leaving the inner self unemployed. But when
the spring waters melt, their message is always:
"Without darkness, no light".

Wo Licht, dort auch Dunkel! Der Winter
packt uns mit hartem Griff. Die meisten
Menschen leben nur in Gedanken an die
hellere Jahreszeit. Aber nur, wer sich anpaßt,
schafft die Umstellung. Viele leben in De-
pressionen, verursacht durch den Leistungs-
druck, und gerade dies führt oft zu einer
inneren Leere des Menschen. Es gibt nur
eine Sehnsucht, die Botschaft der vom Eis
befreiten Bäche: »Kein Dunkel ohne Licht!«

130

132

131

133

Västerbotten, vårt nordligaste jordbruks-
landskap, är självfallet mycket mer än en
snöformation. Det har numera eget universitet,
förlagt till Umeå, som länge kallats »Björkarnas
stad». Längre norrut bryts det berömda
Bolidenguldet. Där är solen över fjällen vit
och varje utsikt vidfamnande. Nybyggar-
andan lever.

Västerbotten is Sweden's most northerly
agricultural province. It isn't always under
snow. Today Västerbotten has its own uni-
versity, at Umeå "the city of silver birches".
Further north and you come to the Boliden
gold mines. Here the sun falls whitely over the
mountains and every prospect is superb.
Even today this is still pioneer country.

Västerbotten, unser nördlichstes, Ackerbau
betreibendes Land, ist selbstverständlich mehr
als eine reine Schneelandschaft. Dieses Gebiet
besitzt jetzt eine eigene Universität, errichtet in
Umeå, das lange »Stadt der Birken« genannt
wurde. Höher im Norden wird das berühmte
Bolidengold geschürft. Dort steht die Sonne
weiß über dem Gebirge und der Blick umfaßt
die unendliche Weite. Dort lebt der Geist
der Neusiedler.

Det trespråkiga Tornedalen är unikt i Sverige.
Befolkningen utgörs av samer, finnar och
svenskar. Norrbotten är rikt på dialekter,
som skiftar inom älvdalarna. Överst en bild
från en av de nordligaste kyrkbyarna, Kare-
suando. Seglen i Lule skärgård visar nutidens
kontinentala livsstil.

Tornedalen is populated by Lapps, Finns and
Swedes, and all three languages are spoken
here. Norrbotten has many dialects, confined
between the river valleys. Top: a photo from
Karesuando, one of the northernmost "church
villages". But the sails out in the Luleå Archi-
pelago bespeak a modern continental life-style.

Das dreisprachige Tornetal ist einmalig
in Schweden. Die Bevölkerung besteht aus
Samen (Lappen), Finnen und Schweden.
Norrbotten ist reich an Dialekten, die in jedem
Flußtal Veränderungen unterliegen. Zu oberst
ein Bild von Karesuando, eines der nörd-
lichsten Kirchdörfer. Der Segelbetrieb in den
Schären vor Luleå zeigt kontinentalen Lebens-
stil von heute.

34

35

36

37

Lappland, gruvornas och midnattssolens land,
är fattigt på människor och odlingar. Härintill
bilder på en båtbyggare vid Fatmomakke,
en samefigur i Kiruna, ett svedjeland och en
kvällsstämning. De långa vintrarna och de
korta somrarna präglar tillvaron. Fjällvandrare
och laxfiskare fascineras av samekulturen,
alla berg och vilda djur, hjortronmyrarna,
ödemarken, älvarna och kraftstationerna.

Lapland, rich in ironmines, is the Land of the
Midnight Sun. It has few inhabitants and little
agriculture of any kind. These photos show a
boatbuilder at Fatmomakke, a Lapp at Kiruna,
land being "swithened" and a summer's
evening. A land of long winters and brief
summers, Lapland attracts the kind of tourist
who likes to go tramping in the wide open
spaces, among the cloudberries and trout
streams, along the great rivers, past hydro-
electric power stations and Lapp encampments,
among bears, wolverines and lynxes!

Lappland, dem Land der Erzgruben und
der Mitternachtssonne, fehlt es an Menschen
und an kultiviertem Land. Nebenstehende
Bilder zeigen einen Bootsbauer in Fatmo-
makke, eine Lappenfigur in Kiruna, ein Stück
Schwendland und eine Abendstimmung.
Die langen Winter und die kurzen Sommer
prägen das Dasein. Bergsteiger wie Laxfischer
sind fasziniert von den künstlerischen Arbeiten
der Lappen, von den Bergen und wilden
Tieren, den Mooren voller Multbeeren, dem
weiten Ödland und den Flüssen und Kraft-
werken.

138

Ljuset — över allt och alla. Låt inte mörker
hindra dig att söka Ljuset, och när du funnit det,
låt andra se, pröva, övertyga sig. Vill du, att
ljus skall leva, tänd då hos andra samma längtan.

Light — over everyone and everything.
Darkness is no obstacle to the seeker after
light. And when you've found the Light,
let others see it too, test it, believe in it.
If the Light isn't to go out, the same longing
must be lit in others.

Licht — es steht über allem und allen. Laß die
Finsternis dich nicht davon abhalten, das Licht
zu suchen, und hast du es gefunden, laß es
andere sehen, prüfen, sich davon überzeugen.
Willst du, daß Licht sei, entzünde bei anderen
dieselbe Sehnsucht.

Några fiskare, som återvänt i halvskymningen
med sin fångst av sik, halstrar fisken enligt
urgamla regler, på marknaden en delikatess
som det blänker om.

A group of fishermen returning in the twilight
with their catch of whitefish grill it in the
age-old fashion. In the market place it's a
gleaming delicacy.

Ein paar Fischer, in halber Dämmerung
heimgekommen mit ihren Netzen voller
Renken, rösten die Fische nach uraltem
Brauch. Am Markt eine der gefragtesten
Delikatessen.

De svenska samerna för en ojämn kamp för sina mänskliga rättigheter. Kvinnan på bilden får symbolisera en tidlös situation. Hon står bland drivorna, som kan nå högre än jordens alla snöbetäckta berg, men först på sin älskades tecken börjar hon åter vandra.

The Swedish Lapps have had — and still have — a hard struggle to assert their human rights. The woman in the foto is symbolic of a timeless state of affairs. Standing in the sun, she awaits a sign from her beloved.

Die Samen Schwedens führen einen ungleichen Kampf um ihre Menschenrechte. Die Frau auf dem Bild ist Symbol einer zeitlosen Situation. Sie steht zwischen Schneewehen, die höher als alle schneebedeckten Berge der Welt reichen können aber erst auf das Zeichen des Geliebten, beginnt sie wieder ihre Wanderschaft.

141

142

»Gruvpalatset», LKAB's säte i Kiruna nära fyndigheterna. Malmen, som behövs i kvalitetsståltillverkningen och mestadels exporteras, innehåller upp till 70 % järn och beräknas räcka fram till omkring år 2225.

"The Mining Palace", LKAB's office in Kiruna, close to the mines. The ore, needed for high-grade steels and mostly exported, contains up to 70 % iron. It is expected to last until about the year 2225.

»Gruvpalatset«, — Der Gruben-Palast — Sitz der LKAB in Kiruna, in der Nähe der Erzvorkommen. Das Erz beinhaltet bis zu siebzig Prozent Eisen und wird nach vorliegenden Berechnungen bis um das Jahr 2225 ausreichen.

Forsen, där stenarna bada, och fjällsjön är
Lappland i miniatyr. Kanske måste man känna
en innersta samhörighet med landskapet här
för att rätt kunna uppskatta dess karakteristi-
ka, avstånden, stillheten, respekten för livet.
Ett är säkert: En tätort har ingenting bättre att
lära ut.

These rapids, where the stones bathe, and the
mountain lake, together make up a Lapland
in miniature. Perhaps one cannot really
appreciate Lapland — which means great
distances, stillness, respect for life — unless
one is born in this country. But one thing
is sure: a town has nothing to teach the
Laplander.

Der Wasserfall, unter dem Steinblöcke baden
und der Gebirgssee — das ist Lappland
in Miniatur. Vielleicht bedarf es einer inneren
Verbundenheit zu dieser Landschaft, um ihren
charakteristischen Ausdruck schätzen zu
können: Die Weiträumigkeit, die Stille,
den Respekt vor dem Leben. Eines ist sicher:
Dichtbesiedelte Städte können uns nichts
Besseres lehren.

146

Karesuando, en bit av himmelriket. Näten
torkar. För Lapplands fiskare är naturupp-
levelsen, liksom fångstmängden, väsentlig.
Den som fiskar med nät betraktas inte som
rovfiskare.

Karesuando is a little bit of heaven. The nets
hang up to dry. The Lapland fisherman's
communion with nature is at least as important
to him as the size of his catch. Nets are
perfectly legitimate.

Karesuando — ein Stück Himmelreich.
Netze hängen zum Trocknen. Für Lapplands
Fischer ist das Naturerlebnis ebenso wichtig,
wie der reiche Fischfang. Wer mit Netzen
fischt, zählt nicht zu den Raubfischern.

Att söka sig upp till höjderna, där man får
andas fjälluft! Ända från Japan kommer man
till vår fjällvärld för att beundra något,
som skänker sinnet frid. De flesta svenskar har
aldrig upplevt denna del av Sverige, som i
fägring och storslagenhet vida överträffar
många populärare resmål utomlands. Att
uppsöka en riviera eller ett casino tycks
åtråvärdare än att se älvarna och midnattssolen.

From as far afield as Japan mountaineers come
to the mountain world of Lapland to admire
the scenery and feel at peace. Yet most Swedes
have never even seen this part of their own
country! Though it far outvies in beauty and
magnificence many a foreign tourist trap,
the beaches and casinos of the South seem to
exert on Swedish holidaymakers a mightier
attraction than Lapland's rivers or the strange
magic of the Midnight Sun.

Zieh hinauf zu den Höhen, wo man reine
Bergluft atmen kann! Sogar aus Japan kom-
men die Menschen in unsere Bergwelt,
um zu bewundern, was unseren Sinnen
Frieden schenkt. Die meisten Schweden haben
diesen Teil unseres Landes nie erlebt, der doch
in seiner Farbenpracht und Großartigkeit viele,
populäre Reiseziele im Ausland weit übertrifft.
Die Riviera und die Casinos zu besuchen,
scheint erstrebenswerter, als der Anblick der
Flüsse und der Mitternachtssonne.

47
48

Kiruna, världens till arealen största stads-
kommun, är beläget i fjällbjörksregionen.
Den gamla trähusbebyggelsen har fått lämna
plats för modern arkitektur, där det statliga
gruvbolagets huvudkontor är utan konkurrens.
Orten är med andra ord motsatsen till öde-
marken. Invånarna har tillgång till det mesta
av vad en tätort i vårt land kan erbjuda.
Utskeppningen av malmen sker via järnväg,
dels till Narvik i Norge, den största export-
hamnen, dels till Luleå på svenska ostkusten.

Kiruna, in administrative area the world's
largest city, lies in the zone of the mountain
birch. Its vanished timber houses have been
replaced by modern architecture, among which
the offices of LKAB (the State mining com-
pany) has no rivals. The very opposite of
a wilderness, people up here have access to
most of the facilities of any modern Swedish
community. The ore is shipped by rail;
largely over the mountains to Narvik, in
Norway, but also to Luleå, on the Gulf
of Bothnia.

Kiruna, der Bodenfläche nach die größte
Stadtgemeinde der Welt, liegt in bergigem und
an Birken reichem Land. Die alten Holzhäuser
mußten einer modernen Architektur weichen,
das Verwaltungsgebäude der Bergwerksgesell-
schaft ist konkurrenzlos unter den Neubauten.
Die Stadt ist krasser Gegensatz zum weiten
Ödland. Ihre Bewohner brauchen nichts
entbehren, was den Menschen dichtbesiedelter
Gebiete unseres Landes geboten wird. Die
Ausfuhr des Erzes erfolgt über den Schienen-
weg, teils über Narvik in Norwegen, dem
größten Exporthafen, teils über Luleå an der
schwedischen Ostküste.

149

».. . du glädjerika sköna!» Berg, sjöar, älvar, skogar, all frikostig natur, är liksöm fred, frihet och allt gott verk värt att försvara. Sveriges flagga, ett memento för oss nordbor: Här vill vi stanna, här är vårt hem på jorden.

Mountains, lakes, rivers, forests — all these Sweden has in overwhelming abundance. They are as worth preserving as peace, freedom and other good works of man. For us Swedes our blue and yellow flag is a reminder of all this. The symbol of our home on earth.

».. . du freudenvolles, schönes Land!« (So erklingt die schwedische Nationalhymne) Berge, Seen, Flüsse, Wälder, die gesamte reiche Natur — Werte, die wir verteidigen müssen, ebenso wie Frieden, Freiheit und alle guten Werke. Schwedens Fahne, ein Memento für uns Nordländer: Hier wollen wir bleiben, hier ist unsere Heimat auf Erden.

Bildförteckning

List of pictures

Bilderverzeichnis

Bilderna nr 1—150 i denna bok har tagits av följande fotografer:

The pictures No. 1—150 in this book have been taken by the following photographers:

Die Bilder Nr. 1—150 in diesem Buch sind von den folgenden Fotografen aufgenommen:

Giovanni Trimboli 6, 7, 8, 10, 11, 12, 14, 15, 16, 17, 18, 19, 20, 21, 22, 23, 24, 25, 26, 27, 28, 29, 31, 32, 33, 34, 35, 36, 37, 42, 43, 44, 45, 46, 47, 48, 49, 51, 52, 53, 54, 55, 56, 57, 61, 69, 70, 71, 72, 73, 74, 75, 76, 77, 78, 79, 80, 81, 82, 83, 84, 88, 90, 91, 92, 94, 95, 98, 100, 101, 102, 103, 104, 105, 106, 107, 108, 109, 110, 111, 114, 115, 116, 119, 120, 121, 123, 124, 125, 126, 127, 128, 129, 130, 131, 132, 133, 135, 137, 138, 139, 140, 141, 142, 143, 144, 145, 146, 147, 149.

Göran Algård 2, 3, 4, 5, 9, 13, 30, 39, 40, 41, 50, 58, 59, 60, 62, 63, 64, 65, 66, 67, 68, 83, 85, 86, 87, 89, 96, 97, 99, 112, 113, 117, 118, 122, 136, 148, 150.

Hilding Mickelsson 93, 134.

Kenneth Olausson 38.

Hans Malmberg 1.